Christiane Wortberg
Bye, bye Barbie

W0066628

UNRAST

Christiane Wortberg, geb. 1958, Hebamme und Sozialpädagogin, engagiert sich seit den 80er Jahren aktiv in der feministischen Frauenpolitik.

Seit Anfang der 90er Jahre leitet sie Selbstverteidigungs- und Selbstbehauptungskurse für Mädchen und Frauen und erarbeitete gemeinsam mit anderen Frauen (u.a. Christiane Lichthardt, *Lauter starke Mädchen*, UNRAST 1995) ein spezielles Konzept für Kurse an Schulen.

Neben vielen anderen feministischen Aktivitäten, ist sie seit Oktober 1992 Trainerin und Vorstandsfrau im *Frauen- und Mädchen-Selbstverteidigung und Sport Münster e.V.*

 1995 gewann sie mit ihrem Praxiskonzept *Selbstverteidigung und Selbstbehauptung für Seniorinnen* den Präventionspreis der Landespolizei NRW *„Schutz älterer Mitbürger vor Kriminalität".*

Christiane Wortberg

Bye, bye Barbie

Körperbild und Körpersprache in der Gewaltpräventionsarbeit mit Mädchen

UNRAST

Die Deutsche Bibliothek - CIP-Einheitsaufnahme

Wortberg, Christiane:
Bye, bye Barbie : Körperbild und Körpersprache in der Gewaltpräven-
tionsarbeit mit Mädchen / Christiane Wortberg. - 1. Aufl. - Münster :
Unrast, 1997
    ISBN 3-928300-72-5

Wortberg - Bye, bye Barbie
1. Auflage, November 1997
ISBN 3-928300-72-5
© UNRAST-Verlag, Münster
Postfach 8020, 48043 Münster - Tel. (0251) 66 62 93
Mitglied in der assoziation Linker Verlage (aLiVe)
Umschlag: Online Design GmbH, Bad Kreuznach, Tel. (0671) 887500
Satz: UNRAST-Verlag
Druck: Ebner Grafische Betriebe, Ulm

Inhaltsverzeichnis

1. Einleitung

In dem vorliegenden Buch setze ich mich mit einem Thema auseinander, welches in den letzten Jahren zunehmend an Interesse gewonnen hat: Selbstverteidigung und Selbstbehauptung für Mädchen. Einige haben daran Interesse, weil sie sich mehr Sicherheit für ihre Töchter erhoffen, andere – die Mädchen – möchten sich im Alltag besser wehren können. Die Nachfrage nach Selbstverteidigungskursen ist in den letzten Jahren aus zwei weiteren – sich zum Teil widersprechenden – Gründen gestiegen:

Zum einen ist die Akzeptanz der Kurse gewachsen, nicht zuletzt aufgrund einer breit gestreuten Öffentlichkeitsarbeit und der Unterstützung offizieller Institutionen wie beispielsweise die Träger der Jugendhilfe, die Polizei und Verbände wie die Landessportjugenden.

Zum anderen hat die Art und Weise der Berichterstattung über extreme Gewalt gegen Mädchen (Belgien, Varel, Oldenburg) die Angst vor dem Fremdtäter unspezifisch und unkontrolliert geschürt. Dies hat aktuell zur Folge, daß Eltern ihre Unsicherheit und verständliche Angst in Form von wenig konstruktiven Warnungen und Einschränkungen insbesondere auf ihre Töchter übertragen. Die Bilder und Inhalte der Sensationspresse erfüllen auch die Mädchen selbst mit Furcht vor Entführung und Vergewaltigung. In einer solchen, von außen provozierten Atmosphäre gewinnt die Aufklärung über reale Gewaltverhältnisse in den Kursen erneut an Bedeutung.

Die Diskussion, wie Mädchen durch Selbtverteidigungskurse zu mehr Sicherheit in ihrem Alltag gelangen, spiegelt sich in der Auseinandersetzung von Übungsleiterinnen wieder, welche Inhalte und praktischen Übungen Schwerpunkte in der gewaltpräventiven Arbeit mit Mädchen bilden.

Mit dem Blick auf die beiden zentralen Themen *Körpersprache* und *Körperselbstbild* hinsichtlich körperlicher Stärke und motorischer Fähigkeiten verdeutliche ich folgendes: Veränderungsprozesse, die ein Mädchen in die Lage versetzen, sich gegen alltägliche Diskriminierung und Gewalt zu wehren, beinhalten sowohl eine Auseinandersetzung und ein Experimentieren mit den eigenen Kräften, als auch die Überprüfung der in der Interaktion von Opfer und Täter wahrgenommenen Ausdrucksweise. In diesen beiden zentralen Bereichen bewegt sich die eigene Einschätzung der Mädchen zwischen Selbst- und Fremdwahrnehmung. Selbstbehauptungs- und Selbstverteidigungskurse zielen unter anderem darauf ab, daß sich das Ungleichgewicht zwischen den Sichtweisen zugunsten der Eigenwahrnehmung verändert. In diesem Prozeß lernen die Mädchen, über welche Fähigkeiten und körperlichen Stärken sie verfügen, und wie sie diese einsetzen können. Auf welchem Weg das erreicht wird, und was unter Körpersprache und Körperselbstbild zu verstehen ist, sind vorrangige Themen dieses Buches.

Mit der theoretischen wie auch praxisorientierten Auseinandersetzung erfülle ich mir gleichermaßen den Wunsch, eine Reflexion meiner eigenen Tätigkeit als Übungsleiterin für Selbstbehauptung und Selbstverteidigung vorzunehmen. Entsprechende Kurse leite ich seit sieben Jahren überwiegend in Jugendfreizeiteinrichtungen Schulen. Der Durchführung von Kursen an Münsteraner Schulen liegt ein Konzept zugrunde, welches Christiane Lichthardt und ich - unter Einbeziehung von Erfahrungen anderer Wen-Do Trainerinnen und den Grundlagen der feministischen Mädchenarbeit - zunächst gemeinsam entwickelt und in die Praxis umgesetzt haben. Die praktischen Erfahrungen dieser Arbeit sind in Christiane Lichthardts Buch *Lauter starke Mädchen* aufgearbeitet. In meiner hier nun öffentlich vorliegenden Arbeit setze ich mich mit den theoretischen Hintergründen und Zielsetzungen auseinander. So haben wir es von Beginn an intendiert: die unterschiedlichen Ebenen der Selbstbehauptung und Selbstverteidigung in sich zwei ergänzenden Arbeiten zu beleuchten. Aus diesem Grund habe ich die Querverweise auf ihr Buch aus dieser Veröffentlichung herausgenommen.

Daß ich in den Kapiteln zur Durchführung und den Inhalten der Selbstbehauptung und Selbstverteidigung auch meine eigenen Erfahrungen einfließen lasse, ist nicht nur unausweichlich, sondern von mir auch so gewollt.

Methodisch orientiere ich mich an dem Konzept empirischer Sozialforschung, wie Friedrichs es herleitet.[1] Als grundlegendes soziales Problem benenne ich hier die existierende geschlechtsspezifische Gewalt, d.h. Mädchen und Frauen sind alltäglich mit männlicher Diskriminierung, Aggression und Gewalt konfrontiert und leben mit der Angst, jederzeit von ihr getroffen zu werden. Körperliche Übergriffe, sexueller Mißbrauch und Vergewaltigung stellen die aggressivste, und physisch wie psychisch verletzendste Form männlicher Machtausübung dar. Über Jahrzehnte hinweg sind Mädchen und Frauen in diesem Kontext als hilflose Opfer gesehen worden, die allein aufgrund ihres Geschlechts über keine Möglichkeiten der aktiven Gegenwehr verfügen sollten. Im Zuge der Frauenbewegung in den siebziger Jahren haben Frauen Konzepte entwickelt, wie die Rolle einer gegenüber dem Täter hilflosen Frau zu verändern ist. Selbstverteidigung und Selbstbehauptung beginnt jedoch nicht erst in dem Moment, in dem ein körperlicher Angriff stattfindet. Vielmehr gilt es anzusetzen an denen von der Geschlechterhierarchie bestimmten Interaktionsformen. Dies ist nötig, um *präventive* Lösungstrategien aufzubauen. Insofern sind als weitere soziale Probleme zu benennen:

– die geschlechtsspezifische Entwicklung und Internalisierung von Körpersprache als ein bedeutungsvolles Kommunikationsmedium

und

– das von der Fremdwahrnehmung bestimmte Bild von Mädchen und Frauen als schwachem Geschlecht, welches eine situationsangemessene Gegenwehr blockiert und verhindert.

Zunächst werde ich mich mit der Entwicklung und Bedeutung weiblicher Körpersprache und dann mit dem weiblichen Körperselbstbild anhand mir vorliegender Literatur befassen. Ohne ein Verständnis für diese beiden Bereiche ist ein sinnvolles Selbstverteidigungskonzept, welches die Mädchen für ihre eigenen Bedürfnisse sensibilisiert, kaum zu entwickeln.

Anschließend stelle ich das Konzept der Selbstbehauptung und Selbstverteidigung vor, welches die zuvor entwickelten Theorien aufgreift, einbezieht und den Mädchen dazu verhilft, altersgerechte und situationsangemessene Lösungsstrategien zu entwickeln. Dies ist das erklärte Ziel entsprechender Kurse. Die körperliche Selbstverteidigung korrespondiert dabei eng mit einer Veränderung des Selbstbildes über die eigene Kraft. Die Selbstbehauptungsstrategien gehen unter anderem mit einer Veränderung der Körpersprache einher. Wie dieser Veränderungsprozeß stattfinden soll, wird deutlich in der Darstellung von Prinzipien, organisatorischen Aspekten und den Inhalten der Kurse. Zugrunde lege ich Konzepte, wie ich sie im Rahmen des Frauen- und Mädchen-Selbstverteidigung & Sport Münster e.V. gemeinsam mit anderen erarbeitet und umgesetzt habe. Gleichermaßen beziehe ich mich auf solche, wie sie in ähnlicher (bzw. gleicher) Form in anderen Städten praktiziert werden. An dieser Stelle möchte ich betonen, daß ich darin *keine* Konkurrenz sehe. Vielmehr ist die Entwicklung des konstruktiven Austausches und der überregionalen Zusammenarbeit sehr zu begrüßen.

Eine Überprüfung der angestrebten Ziele macht meines Erachtens eine Befragung der Kursteilnehmerinnen unbedingt erforderlich. In welcher Form und mit welchem Ziel ich diese vorgenommen habe, mache ich in dem entsprechenden Kapitel deutlich.

Zuletzt werde ich in zwei Schritten darstellen, welche Möglichkeiten sich für Teilnehmerinnen von Kursen der Selbstbehauptung und Selbstverteidigung eröffnen, und welche Grenzen ich auf dem Hintergrund der von mir vorgestellten Theorien, Konzepte und der gesellschaftlichen Verhältnisse erkenne.

Das zugrundeliegende soziale Problem stellen die geschlechtsspezifische Entwicklung und Bedeutung von Körpersprache und Körperselbstbild im Kontext alltäglicher hierarchischer Gewaltverhältnisse dar. Selbstbehauptungs- und Selbstverteidigungskurse bieten unter präventiven und parteilichen Aspekten eine Möglichkeit für Mädchen, den ihnen aus der alltäglichen Diskriminierung und Gewalt resultierenden Schwierigkeiten zu begegnen, und diese weitgehend zu lösen.

In der Aufarbeitung all dessen sehe ich einen weiteren Schritt zur Verbreitung altersgerechter Kurse als integralen Bestandteil mädchenparteilicher Arbeit und einen Beitrag zur diesbezüglichen politischen Auseinandersetzung darum.

2. Das Körperselbstbild von Mädchen

»Der Körper ist der wichtigste Ort, in dem individuelle, soziale und kulturelle Geschichte sich treffen. Unterschiede und Gemeinsamkeiten von innerer Haltung und äußerer Gestik, von psychischer Erscheinung, sozialer Repräsentation und psychischer Struktur, von Eigenwahrnehmung und Fremdurteil werden am Körper sichtbar.«[1]

Bereits in diesem Zitat wird deutlich, daß das Erleben des eigenen Körpers nicht allein von subjektiven Gefühlen bestimmt ist, sondern der Beeinflussung von Fremdwahrnehmungen ausgesetzt ist. Körperbild, Körper-Ich und Körper-Selbst sind einige Begriffe, mit denen in der Persönlichkeitspsychologie das Erleben des eigenen Körpers und die subjektiven, emotionalen Bewertungen beschrieben werden. Letztere stehen ihr zufolge in der Abhängigkeit der momentanen inneren Befindlichkeit und der situativen und personellen Umweltbedingungen. Damit grenzt sie sich ab von einer rein neurophysiologischen Sichtweise, die eine medizinisch-funktionale Beurteilung des Körpererlebens vornimmt.[2]

Die eigene Sicht vom Körper und das Selbstwertgefühl stehen in enger Beziehung. So kann beispielsweise der Blick in den Spiegel Zufriedenheit mit sich selbst oder eine Beeinträchtigung der Stimmung nach sich ziehen.

Das Empfinden der eigenen Körperlichkeit beginnt im Säuglingsalter zunächst mit einem nach innen zentrierten Fühlen und Spüren. Schrittweise erfolgt die Erfahrung, daß der Körper das eigene Ich repräsentiert und in permanenter Beziehung mit der Umwelt steht. Die Entwicklung zu einem selbstsicheren und zufriedenem Körper-Ich setzt das Vorhandensein ausreichender Ressourcen im emotionalen und materiellen Bereich voraus:

- die Sicherung der existenziellen Bedürfnisse Nahrung, Kleidung und Wohnung;
- emotionale Zuwendung und Sicherheit;
- taktile Stimulation und Angebote, die es dem Kind ermöglichen, in seiner Umwelt zu experimentieren.

Indem Kinder durch Spiel und Bewegung ihre Umwelt zu begreifen lernen, entwickeln sie sowohl motorische Fähigkeiten und soziale Handlungskompetenzen, als auch ein Bild ihrer Identität. Im Verlauf dieser Entwicklung kommen Grenzerfahrungen insofern eine wesentliche Bedeutung zu, als sie Kindern zu einer realistischen Einschätzung ihrer Stärken und Schwächen verhelfen. Das wachsende Selbstwertgefühl unterliegt dabei im wesentlichen auch der Beeinflussung und Bewertung von außen. So legen Förderung und Akzeptanz den Grundstein für ein in der Tendenz stabiles Selbstbewußtsein. Im Gegenzug haben physische und psychische Gewalt weitreichende, negative Folgen für die Entwicklung des Selbstbildes und die Herausbildung des Umgangs mit sich und anderen Menschen.

Alle Faktoren, die das Sich-Selbst-Bewußtwerden und -Sein beeinflussen, sind durchzogen von kulturellen Normen und geschlechtsspezifischen Mustern, so daß Mädchen und Jungen tendenziell ein anderes Körperbild auf ihrem Weg zum Erwachsenenwerden entwickeln. Im folgenden möchte ich dabei den Blick auf das Körperbild von Mädchen richten. Dabei werde ich trotz aller Besonderheiten die Zeit der Pubertät nicht explizit herausstellen, da ich mich in den Kapiteln zum Thema der Selbstbehauptung und Selbstverteidigung auf Mädchen beziehe, die dieses Alter noch nicht erreicht haben.

Die Übernahme des Fremdblickes:
Ich fühle mich, wie Ihr mich seht!

»*Mädchen sind in den ersten Lebensjahren robuster als Jungen*«[3] und Frauen haben eine längere Lebenserwartung aufgrund geringerer Schwererkrankungen und niedrigerer Risikobereitschaft.[4] Trotz dieser Feststellungen, die auch der breiten Öffentlichkeit bekannt sind, werden Mädchen nach wie vor mit der Vorstellung groß, daß sie dem schwächeren Geschlecht angehören. So beginnen sie etwa im dritten bis vierten Lebensjahr, sich nicht nur bewußt als weiblich wahrzunehmen, sondern schätzen sich im Vergleich mit Jungen bereits in diesem Alter als körperlich schwächer ein, selbst wenn dies nicht ihren tatsächlichen Erfahrungen entspricht.[5] Hier hat bereits die Internalisierung von geschlechtsspezifischen Bildern hinsichtlich der körperlichen Leistungsfähigkeit begonnen.

Thesen, die Mädchen eine grundsätzlich geringere körperliche Stärke unterstellen, sind empirisch nicht belegt. Inwieweit aber die Akzeptanz dieser Annahmen den Weg zu einer *self-fulfilling-prophecy* ebnet, wird im Abschnitt zu den Bewegungserfahrungen noch deutlich werden.

Mädchen erfahren schon sehr früh, daß nicht das Empfinden und Zeigen von Stärke wesentliches Kriterium für ein positives Selbstwertgefühl sind. Vielmehr gelten andere Eigenschaften ihres Körpers als Merkmale ihrer weiblichen Identität, insbesondere die fremdbestimmte Attraktivität. Die Erziehung von Mädchen beinhaltet schon früh die Ausrichtung darauf, daß ihr Wert an Schönheitsnormen und gefälligen Verhalten gegenüber anderen bemessen wird. Dieses Wissen erwerben und behalten sie sowohl im Beobachten ihrer Mutter und anderer weiblicher Bezugspersonen, als daß sie es auch sprichwörtlich am eigenen Körper erfahren. Ihre äußere Erscheinung sichert ihnen primär die Aufmerksamkeit anderer Personen und darüber die Bestätigung oder eben auch Abwertung ihrer selbst.

Die Übernahme, nicht aber unbedingt die Annahme, dieser Sichtweise spiegelt sich beispielhaft in geschlechtsspezifischen (Rollen-) spielen wieder, in denen Mädchen mit der äußeren Gestaltung ihrer Körper experimentieren. So ist auch das Schminken nicht nur eine sinnliche, taktile Stimulation, sondern ebenfalls eine egozentrierte Beschäftigung mit dem Körper, die der Beurteilung mit und durch den Fremdblick dient. Dieses anfängliche Spiel orientiert sich an der gesellschaftlichen Stilisierung von Frauenkörpern. Letztere verfügt zudem schon im Kleinkindalter über einen bedeutenden Vermarktungswert, der mit zunehmendem Alter der Mädchen kontinuierlich ansteigt.

Feststellen läßt sich, daß Mädchen schon sehr früh ausdrücken können, welche allgemeinen Schönheitsnormen erfüllt werden müssen, um eine Bestätigung und Aufwertung durch andere zu erfahren. Die Diskrepanz zwischen der Idealvorstellung eines Mädchen- und Frauenkörpers und der Realität läßt sich jedoch in der Eigenwahrnehmung kaum konfliktlos lösen. So äußern Mädchen bereits im Grundschulalter eine tendenzielle Unzufriedenheit mit ihrem Körper.[6] Spätestens zu diesem Zeitpunkt beeinflußt die Verbindung körperlicher Attraktivität und Sozialstatus in entscheidenem Maß das Selbstwertgefühl des heranwachsenden Mädchens.

Negativ beachtenswert ist auch die Entwicklung des Defizit-Blikkes, die mit der Nichtbenennung und Abwertung von Körperteilen und -formen einsetzt. Mädchen erfahren:

- sie haben *keinen* Penis, statt: sie *haben* (Scham-)lippen, eine Klitoris, eine Scheide;
- sie haben *keine* starken Muskeln, sondern dicke Beine, einen zu dicken Bauch etc.;
- sie haben *kein* charakterstarkes, ausgeprägtes Gesicht, sondern eine zu große Nase, schmale Lippen, dicke Wangen etc.

Der ganzheitliche Blick für den eigenen Körper ist nicht lange geprägt von der eigenen Neugierde, ihn zu erfahren und zu spüren, sondern richtet sich zunehmend an dem aus, was andere für

beachtenswert halten. Die selbstbestimmte, lustvolle Wahrnehmung verändert sich zu Ungunsten einer Beurteilung, die sich an
den von außen vermittelten Normen mißt.

Daß weibliche Körperideale durchaus historischen Veränderungen unterliegen, ändert nichts daran, die jeweilig dominanten
Ideale anstreben zu 'müssen', um ein Gefühl der Selbstwert-
schätzung erreichen zu können.

Mit welch starren und unrealistischen Bildern bereits Mädchen
im Kleinkindalter auch heute noch konfrontiert werden, vermag
beispielhaft ein Blick in den Legokatalog verdeutlichen.[7]

Mädchen und Frauen sollen aber nicht nur schön und vorzeig-
bar sein, sondern körperlich bestätigen und akzeptieren, daß sie
über weniger Kräfte verfügen als das männliche Geschlecht. In
diesem Zusammenhang muß ein Augenmerk auf die Bewegungserfahrungen von Mädchen geworfen werden.

Körper – Bewegungen – Erfahrungen

Cirka bis zum vierten Lebensjahr stehen Mädchen und Jungen
überwiegend gleiche Bewegungsmöglichkeiten zu. Die Stärke und
Intensität, mit der motorische Kompetenzen ausgeprägt werden,
hängt im Kleinkindalter vorrangig von den sozio-ökologischen
Gegebenheiten ab, nicht jedoch vom Geschlecht. Wenn Kinder
beginnen, ihre Bewegungen zunehmend in einen größeren Außenraum zu verlagern, werden geschlechtsspezifisch unterschiedliche
Maßstäbe an ihr Tun angelegt. Unter Berufung (bewußt wie unbewußt) auf die vermeintlich natürlichen Bewegungsmuster einer
Frau - anmutig, grazil, ästhetisch - werden Mädchen angehalten,
wenig raumbeanspruchenden und vorwiegend fein- statt groß-
motorischen Aktivitäten nachzugehen. Mit Verweis auf mögliche
Fremdtäter wird der Experimentierwille im Außenraum (weg vom
Haus) bis zum Grundschulalter bewußt eingeschränkt.[8] Körperlicher Einsatz und waghalsige Spiele werden bei Mädchen nicht

durch Akzeptanz belohnt und gefördert, sondern blockiert und unterbunden. Somit machen Mädchen sehr viel weniger Grenzerfahrungen, die ihnen ein realistisches Bild eigener Stärken und Schwächen vermitteln können. Darüber hinaus

»lassen sich die Spiele der Mädchen als Übungen interpretieren, denen sich jene widmen, die von der Annahme ausgehen, nur beschränkte Macht zu haben und auch nicht um mehr Macht kämpfen zu müssen; denn es handelt sich bei ihnen um auf Genauigkeit und Anpassung an den Partner gerichtete Spiele. Mädchen nehmen in gesitteter, durch Regeln vorgeschriebener und außerdem körperlich wie räumlich eingeschränkter Form an Spielen teil.«[9]

Mädchen sollen lernen, daß raumeinnehmende, auf körperliche Kraft abzielende Spiele Schmerzen auslösen. Dafür dürfen sie nicht nur, sondern sollen sie auch Angst haben, um sich in der Konsequenz zurückzuhalten. Dieser Lernprozeß beinhaltet ebenso die Erfahrung, daß Jungen durch den Einsatz ihres Körper dominant Räume besetzen und nach innen zentrierten Bewegungen kein Respekt entgegengebracht wird.

Vor allem durch die begrenzten Bewegungserfahrungen entwickeln Mädchen kein Bewußtsein dafür, daß ihr Körper dazu angetan ist, ihnen in Situationen der Aggression Schutz zu bieten.[10]

Probieren Mädchen sich entsprechend ihres altersgerechten Bewegungsbedürfnisses in sogenannten Jungenspielen aus, so erfahren sie bereits im Vorschulalter, daß Gleiches eben doch nicht gleich(-wertig) ist. Nicht Stärke und Schnelligkeit gelten als förderungswürdiges Kriterium, sondern ihr Körper wird zunehmend Zentrum sexueller, ja sexistischer Betrachtungsweise. Entsprechende Kommentare und/oder die Abwertung ihrer Identität, z.B. *»Du tobst ja wie ein Junge«*, lassen Mädchen in ihren Bewegungen zunehmend unsicherer und zurückhaltender werden. Somit konzentrieren sie sich eher auf Spiele, mittels derer ein zweifelhaftes Körper- und Identitätsgefühl vermieden wird.

Nach außen hin sind diese Spiele stark ritualisiert und auf einen überschaubaren, kontrollierbaren Raum festgelegt: Ballspielen an der Wand, Seilchenspringen, Hüpfspiele, und andere mehr. In der Enge dieses Raumes entwickeln sie eine Vielzahl von feinmotorischen Geschicklichkeiten und sozialen Handlungskompetenzen, die im Alltag einen wichtigen Stellenwert einnehmen. Bis zum Schuleintritt sind sie den Jungen in diesem Bereich durchaus voraus, jedoch wird ihnen dies nicht als gleichermaßen beachtenswerte Fähigkeit anerkannt, wie den Jungen ihre durch Spiel und Sport erworbene körperliche Kraft.

Die mangelnde Erfahrung in ausdauer- und kraftbetonten Spielen über die Grenzen des privaten Raumes hinweg beeinflußt maßgeblich die Eigeneinschätzung von Mädchen, generell schwächer und langsamer zu sein, als die gleichaltrigen Jungen. Je mehr sich diese Wahrnehmung festigt, umso mehr werden sie auf Dauer Aktionen, in denen Schnelligkeit und Stärke verlangt sind, vermeiden. So erfüllt sich im Sinne einer *self-fulfilling-prophecy* das Bild vom schwachen Geschlecht. In diesem Sinn gelangt Baur zu der Schlußfolgerung: »*Indem die Heranwachsenden den 'richtigen' Umgang mit dem Körper und ein geschlechtsbezogen 'richtiges' Bewegungsverhalten über jene vielfältigen Vermittlungsprozesse erlernen, werden die dabei erworbenen Körper- und Bewegungserfahrungen zunehmend – als Bestandteil der eigenen Geschlechts(rollen)identität – 'selbst-regulatorisch' wirksam.*«[11]

Das genannte Bild vom schwachen Geschlecht, welches vorrangig mit Theorien über die (scheinbar) anlagebedingten Unterschiede im Bewegungsverhalten der Geschlechter und einer natürlichen Rollenaufteilung begründet wird, hält einer Überprüfung nicht stand. Nicht zuletzt zeigt sich dies in dem ambivalenten Verhalten der Mädchen selbst. Wenn sie auch grundsätzlich dem oben beschriebenen Muster folgen, so suchen sie doch auch die Nischen, in denen sie sich der Kontrolle entziehen können. Diese Nischen können dabei durchaus ein Resultat historischer Veränderungen, modischer Trends und gesellschaftlicher Brüche sein.

So kommt Pfister im Rahmen einer Untersuchung zum Bewegungsverhalten von Mädchen und Jungen in der Grundschule zu dem Ergebnis, daß das Ausüben von Bewegungsspielen nicht nur abhängig vom Geschlecht ist, sondern explizit auch von:
- der Ausgestaltung und Größe der vorhandenen Außenräume;
- dem zahlenmäßigen Verhältnis Mädchen – Jungen;
- dem Alter der am Spiel Beteiligten.[12]
An dieser Stelle möchte ich noch einige kurze Anmerkungen zum Sportunterricht machen, der ja in der Schule *das* Fach ist, in dem der Körper und die Körpergeschicklichkeit nicht nur im Mittelpunkt des Interesses stehen, sondern in dem diese auch gefördert werden sollen. Mit dem koedukativen Unterricht soll(t)en Mädchen die gleichen Bewegungsmöglichkeiten erhalten wie Jungen. Diese durchaus zwiespältig einzuschätzende Maßnahme setzt jedoch zu einem Zeitpunkt an, zu dem Mädchen und Jungen bereits über klare Vorstellungen hinsichtlich ihrer Bewegungsfähigkeiten und auf weibliche bzw. männliche Identität abzielende sportliche Aktivitäten verfügen.[13] Zweischneidig ist diese Maßnahme auch deshalb, weil das Ziel sich am Defizit-Blick orientiert, nicht aber an einer beiden Geschlechtern zukommenden ganzheitlichen Bewegung. So wird beispielsweise häufig festgestellt, daß Mädchen über weniger Kompetenzen in den leichtathletischen Disziplinen verfügen als Jungen, oder aber die Jungen eben doch besser Fußball spielen können. Parallel dazu wird nicht festgehalten, daß Mädchen häufig mehr Geschick in den feinmotorischen Bewegungsabläufen zeigen, wie dem Seilchenspringen oder dem Turnen an der Stange. Auch hier zeigt sich die Bewertung nach dem dominierenden geschlechtsspezifischem Muster. Eine umfassende Förderung im Sport, die sowohl den Kompetenzen der Mädchen Respekt zollt, als auch mangelnde Bewegungserfahrungen beider Geschlechter aufgreift, stellt in der Praxis bislang die Ausnahme dar.
Somit ist es bislang bei einer weitgehendst einseitigen Ausrichtung des Unterrichts auf jungenspezifische Bewegungsbedürfnisse

geblieben. Diese Tatsache und der nicht zutreffende Grundgedanke, Mädchen hätten die gleichen Ausgangschancen im Bewegungsunterricht, führen in der Konsequenz zu der Erfahrung, dann auch tatsächlich – im vorgegebenen Rahmen – leistungsmäßig unterlegen zu sein.

Für Mädchen bedeutet der Sport/Bewegungsunterricht aber häufig noch in anderer Hinsicht eine Qual: Die Aufmerksamkeit gilt weit weniger ihrer Bewegungsgeschicklichkeit und -bedürfnissen, als vielmehr ihrem körperlichen Erscheinungsbild. Sexistische Anmache und Kommentare seitens der Jungen und oft auch der SportlehrER gehören zum normalen Schulalltag ebenso wie mehr oder weniger verdeckte Übergriffe. Ihre zunehmende Unlust – bis hin zur Vermeidung des Sportunterrichtes – ist wohl weit weniger ein Ergebnis ihres fehlenden Interesses, denn vielmehr eine passive Verweigerung, ihren Körper und somit sich selbst ins Zentrum sexistischer Abwertung und Angriffe zu stellen.

Behaupten Mädchen sich dennoch in einer männlich geprägten Bewegungskultur, so werden sie häufig mit der Bewertung bedacht, *kein richtiges Mädchen* zu sein.

Bewegungserfahrungen, Rollenzuweisungen, Attraktivitätsnormen, sowie die Anpassung daran beziehungsweise der Widerstand dagegen beeinflussen maßgeblich die Herausbildung des identitätsstiftenden Körperbildes. Aus diesem Kontext dürfen jedoch nicht die physischen und psychischen Gewalterfahrungen von Mädchen herausgenommen werden, die jedes dritte bis vierte Mädchen in unserer Gesellschaft in Form sexueller Gewalt erlebt.

Auswirkungen sexueller Gewalt auf das Körper-Ich: Mein Körper gehört … mir?!

Mädchen erhalten im Säuglingsalter zwar durchschnittlich weniger Aufmerksamkeit durch Berührungen und körperliche Stimulationen als Jungen. Dies ändert sich jedoch, je mehr sie als

Mädchen mit dem gesellschaftlichen Attraktivitätsblick wahrgenommen werden. Dann machen sie zunehmend die Erfahrung, daß Berührungen durch andere nicht ihrer Selbstbestimmung unterliegen:

Komm doch mal in meinen Arm;
Jetzt laß dich doch mal anfassen;
Sei doch mal nett zu mir;
Jetzt stell dich nicht so an. ...

Mit solchen oder ähnliche Sätzen und in Verbindung mit entsprechenden Gesten werden Mädchen aufgefordert, sich anfassen zu lassen. Nur allzu häufig wird dabei nicht beachtet, ob dies von den Betroffenen auch tatsächlich gewünscht wird. Die generelle Ignoranz von Zeichen der Ablehnung und alltägliche Grenzüberschreitungen vor allem im Familienkreis sind wesentliche Faktoren, die eine Herausbildung von Fähigkeiten und Strategien zum Selbstschutz unterbinden. Im Gegenteil: artige Mädchen lächeln auch dann noch, wenn ihre Distanzschwelle schon weit überschritten ist.

In einer Gesellschaft, die den Mythos vom schwachen Geschlecht Frau aufrechterhält, und in der Mädchen- und Frauenkörper sexualisiert und vermarktet werden, hat das Recht auf körperliche Unversehrtheit für Mädchen und Frauen keinen Bestand.[14] Sexuelle Gewalt ist die extreme Form der Unterdrückung, des Vertrauensmißbrauchs und ein genereller Angriff auf die seelische und körperliche Integrität. Sie ist eingebettet in die Geschichte alltäglicher Grenzverletzungen und für Mädchen begleitet von Geheimnisdruck und häufig von Erpressung. Auswirkungen auf das körperliche Selbstempfinden und den Umgang mit dem eigenen Körper sind unausweichlich.

»Die Erfahrung, daß ich etwas spüre und wahrnehme, das eigentlich nicht wahr sein kann und darf, führt dazu, daß das Mädchen seiner eigenen Wahrnehmung mißtrauen muß. Dies gilt für die mit dem Mißbrauch verbundenen Gefühle, ebenso wie für die Wahrnehmung des eigenen Körpers.«[15] Nicht zuletzt, um den

seelischen Konflikten und dem körperlichen Schmerz zu entfliehen, wird die physische Selbstwahrnehmung teilweise bis vollständig verändert oder ausgeblendet. Damit einher geht die Abwertung des eigenen Körpers bis hin zur vollständigen Ablehnung. Mögliche Konsequenzen eines solchen Negativbildes sind:
- den Körperkontakt mit anderen Menschen möglichst generell zu vermeiden oder ihn im Gegenzug zu sexualisieren;
- Fehleinschätzungen der tatsächlichen Kraft und Stärke infolge der empfundenen Ohnmacht und Hilflosigkeit;
- Körperempfindungen abzuspalten, unter Umständen durch Bewegungsvermeidung;
- Selbstverletzungen, um vom eigentlichen Schmerz abzulenken und eine Kontrolle des Schmerzempfindens zu erlangen;
- Anorexie und Bulimie, um den Körper zu verstecken bzw. verschwinden zu lassen.[16]

Die hier aufgeführten möglichen Folgen sexuellen Mißbrauchs können jedoch nicht im Umkehrschluß dazu verwandt werden, einem Mädchen oder einer Frau solche Erfahrungen zu unterstellen. Die Ursachen können durchaus auch in anderen Bereichen zu suchen sein. So sind beispielsweise Anorexie und Bulimie nicht selten eine Konsequenz aus dem nicht zu lösenden Konflikt zwischen dem hochstilisierten Frauenbild und der eigenen Realität.

Herauszustellen bleibt der Fakt, daß die Entwicklung der individuellen Körperidentität häufig dem Einfluß einer auf Identitätszerstörung ausgerichteten sexuellen Gewalt unterliegt.

Resümee

In der Beschreibung, unter welchen Bedingungen Mädchen ihr Körperbild entwickeln, wird deutlich, daß ihnen nur wenig Zeit bleibt, unabhängig von Attraktivitätsnormen, Rollenzuweisungen und patriarchalen Gewaltverhältnissen ein gleichermaßen von

Stärken und Schwächen bestimmtes Selbstbewußtsein zu entwik-
keln. Die Disziplinierung des Körpers und die Ausrichtung auf
stilisierte Mädchen- und Frauenkörper zeigt bereits im Grundschulalter Wirkungen:
- Mädchen halten sich für schwächer als Jungen;
- sie wissen bereits um ihre körperlichen 'Defizite';
- in ihrem Bewegungsverhalten sind sie darum bemüht, Fremdwahrnehmung und eigene Bedürfnisse in Übereinstimmung zu
  bringen, beispielsweise in der Bevorzugung ästhetisierter Sport-
  arten.

Es gibt bislang nur wenig Befragungen von Mädchen in verschiedenen Altersgruppen vor Eintritt in die Pubertät. Noch weniger
Berücksichtigung fand bislang die Frage nach den Nischen und
Alternativen, die Mädchen suchen und nutzen, um ihren *alters-
spezifischen* Bedürfnissen nachzukommen. Welche konstruktiven
Wege finden sie, um ihre Konflikte zu lösen, und sich Respekt zu
verschaffen? Und schließlich: Spiegelt sich in der Äußerung *Ich
bin schwächer als ein Junge* ein bereits festgelegtes Bild der Eigenwahrnehmung wieder? Oder verfügen Mädchen nicht vielmehr
über Gefühle und Potentiale, die bei entsprechender Förderung
eine Korrektur dieser vermeintlichen 'natürlichen Gegebenheit'
nach sich zieht? Eine Möglichkeit, diesen Prozeß zu unterstützen
und Mädchen ein reale Einschätzung hinsichtlich ihrer Stärken
und Schwächen gewinnen zu lassen, kann die Durchführung von
Kursen/Gruppen der Selbstbehauptung und Selbstverteidigung
sein. Auf diese möchte ich im weiteren zu sprechen kommen.

3. Körpersprache im geschlechtsspezifischen Kontext

In dem Begriff Körpersprache werden all jene unmittelbaren Ausdrucksformen des Körpers zusammengefaßt, die eine Aussage über die Gefühle, Gedanken, die körperliche Befindlichkeit und die Absichten eines Individuums machen. Dazu gehören:
- Haltung,
- Bewegung,
- Mimik,
- Gestik,
- Blickcharakter und Blickrichtung.

In den darüber hinaus gehenden Bereich der nonverbalen Kommunikation gehört zudem das Verständigungssystem der Lautsprache (z.B. Husten, Stimmlage, Betonung, Lautstärke), der Objektsprache (z.B. Kleidung, Schmuck) und die Zeichensprache (z.B. Farben, Tätowierungen, Masken).

Im Folgenden werde ich einzelne Aspekte der Lautsprache berücksichtigen, da diese sich auch im Konzept der Selbstbehauptung und Selbstverteidigung wiederfinden. Ansonsten beziehe ich mich auf die oben genannten Grundformen der Körpersprache. Sie alle verfügen über die Eigenschaft der permanenten Präsenz. So wird auch unabhängig von verbaler, Objekt- und Zeichensprache jederzeit kommuniziert, sei es selbstbezogen oder in der Interaktion. In diesem Sinn ist auch eines der fünf grundlegenden Axiome zur menschlichen Kommunikation von Watzlawick zu verstehen: *Es kann nicht nicht kommuniziert werden.*

Die Körpersprache ist schneller als das gesprochene Wort, da sie eine spontane Reaktion auf die eigene Wahrnehmung ist. Diese Reaktion kann entweder ausschließlich auf den inneren Ich-Zustand erfolgen, auf einen von außen herangetragenen Reiz oder beides reflektieren. In diesem Zusammenhang wird Körpersprache auch als senso- und psychomotorische Aktion definiert. Senso-motorik bezeichnet die Wechselwirkung von Wahrnehmung und Sich-Bewegen. *»Der Ausdruck 'Psychomotorik' faßt diese Funktionseinheit noch weiter, indem das Emotionale mit einbezogen wird.«*[1] Hierzu zwei Beispiele:

Ein Mensch ist müde: Die Empfindung dieses Ich-Zustandes von Müdigkeit drückt sich aus im Gähnen, einer Verlangsamung der Bewegungen, einem generellen Nachlassen der Körperspannung. Eine Person erschrickt sich aufgrund einer erst spät wahrgenommenen Annäherung von hinten. Der äußere Reiz und die durch ihn ausgelöste Angst bewirken unmittelbar verschiedene körperliche Reaktionen: der Herzschlag wird schneller, die Hautfarbe verändert sich, die Hände werden ausgestreckt oder zum Körper hingezogen, und der ganze Körper steht unter extremer Anspannung.

In beiden Fällen werden Signale an die Umwelt abgegeben, die eine weitgehende Information über die körperliche und emotionale Befindlichkeit der betroffenen Person enthalten, ohne daß ein Wort der Erläuterung notwendig ist.

Jede Form der Körperkommunikation stellt darüberhinaus eine Bewegung dar, die *»zu einer bestimmten Zeit und nicht wiederholbar mit einem Energieaufwand im konkreten Raum statt-[findet].«*[2] Somit liegen jeder körperlichen Äußerung die drei Basiselemente Raum, Zeit und Energie zugrunde. Diese äußern sich in drei Dimensionen: im, am und fort vom Körper.

Das Element Raum wird im Körper mit dem kinästhetischen Sinn[3] wahrgenommen und beinhaltet die Atmungsbewegungen, die Balance und den Gleichgewichtssinn.

Der Raum wird am Körper durch die Blick- und Bewegungsrichtungen und die verschiedenen Möglichkeiten der Körperschwerpunktsebenen (hoch, tief, mittel, etc.) bestimmt.[4]

Weg vom Körper meint die individuelle Raumgestaltung durch Bewegungselemente und das Empfinden der persönlichen Distanzschwelle in der Interaktion. Letzteres stellt die Grenze von erwünschter Nähe oder Distanz dar. Sie steht in ständiger Wechselwirkung mit der Ausstrahlung der Interaktionspartnerin/dem Partner, der Situation und der eigenen Befindlichkeit.

Das Element Zeit erfährt jeder Mensch durch den innerlich immer präsenten Herz- und Atemrhythmus. Beeinflußt wird dieser Zeitrhythmus durch positive wie negative Spannungen, wie beispielsweise der Aufregung oder auch Entspannung und Ruhe. Je nachdem, welcher der genannten Reize gerade wirksam ist, schlägt das Herz und geht der Atem schneller oder langsamer. *»Mein Herz rast«* und *»mir bleibt der Atem weg«* sind zwei typische Beschreibungen für die im Körper stattfindenden Reaktionen. Aber auch Mimik und Gestik signalisieren das elementare Zeitempfinden: das Trommeln mit den Fingern, das betont langsame Ausatmen, das Abschweifen der Blicke. Dies sind nur einige Beispiele für bewußte und unbewußte Signale, die den Wunsch ausdrücken, die Zeit möge bald vorbei sein beziehungsweise mein Gegenüber möge bald zum Ende kommen. Dies vermag auch ein Blick zur Uhr auszudrücken, die die Zeit von außen her vorgibt.

Energie bewegt sich zwischen den Polen stark und schwach. Jeder Mensch verfügt über ein eigenes Stärke- und Schwächegefühl, sowohl generell als auch auf bestimmte Aufgaben und Aktionen bezogen. JedeR setzt dies in mimische oder gestische Bewegung um. So bringt das unsichere Lächeln von Mädchen und Frauen, auf das ich später noch genauer eingehen werde, unter anderem ein innerlich empfundenes Gefühl von Unsicherheit und Unterlegenheit (Schwäche) zum Ausdruck.

Die in der Bewegung gezeigten inneren Spannungen beeinflussen die an einem Ort vorzufindende Atmosphäre. In diesem Zusammenhang sprechen wir auch von spannungsgeladener Luft.[5]

Die Körpersprache aller Menschen ist von den sozialen Beziehungen der individuellen Umwelt geprägt. Deshalb werde ich in den beiden folgenden Kapiteln erläutern, inwieweit sie vom geschlechtsspezifischen und sozialen Machtgefüge abhängig ist.

Die Entwicklung der Körpersprache

Aus dem Fakt, daß die menschliche Körpersprache alle motorischen, sensomotorischen und psychomotorischen Aktionen umfaßt, folgt konsequenterweise, daß sie, ausgehend von den unwillkürlichen (binnenkörperlichen) Reflexen und spontanen Reaktionen, in ihrer Vielfältigkeit zunehmend gelernt wird.

Es existiert eine weitgehende Übereinstimmung darüber, daß der Ausdruck elementarer Empfindungen wie Angst, Freude, Wut, Scham, Ablehnung und Überraschung primär anlagebedingt ist.[6] Bestätigt wird diese These durch Experimente und Beobachtungen in der Säuglingsforschung und in interkulturellen Vergleichen. Unabhängig von Kultur, Normen und Sprache sind die genannten Gefühle ab dem Neugeborenenalter zu erkennen und zu verstehen. Von diesem bereits pränatal angelegten Pool der Bewegungssprache ausgehend erfolgt das Lernen und Aneignen differenzierter Artikulierung. So zeigt sich beispielsweise Überraschung zunächst in der Ausformung des Mundes zu einem O. Durch den Erwerb weiterer motorischer Fähigkeiten und die Entwicklung zunehmend individueller, emotionaler Bewertungen des Wahrgenommenen kommen ein gezieltes Zu- und Abwenden der Blicke, Arme, Beine und zuletzt des ganzen Körpers hinzu. Auch die Stimmlage drückt schließlich die Qualität der Überraschung aus: neugieriges Staunen, Angst oder Freude.

Die qualitative und quantitative Ausformung der Körpersprache ist somit Teil der Entwicklung und Aneignung motorischer, kognitiver und sozialer Handlungsfähigkeiten. Dieser Lernprozeß steht sowohl in Relation zur individuellen körperlichen und geistigen Verfassung, als daß er auch eingebettet ist in
- einen soziokulturellen Rahmen,
- ökologische und ökonomische Bedingungen,
- ein geschlechtsspezifisches, schichtspezifisches und ethnisch-kulturell geprägtes Hierarchiegefüge.

Der Erwerb einer ausdifferenzierten Körpersprache ist Teil der kindlichen Auseinandersetzung mit seiner Umwelt, welche unterschiedliche Wege verfolgt:
- das spielerische, konstruktivistische Be-greifen der Umwelt,
- das Beobachten, Speichern und Nachahmen von erwachsenen Bezugspersonen, und
- die Annahme identitätsfördernder, gesellschaftlicher Normen.

An dieser Stelle ist kritisch anzumerken, daß die Auswirkungen einer von Sexismus und Rassismus geprägten Gesellschaft auf die Körpersprache in nur ganz wenigen Arbeiten aufgegriffen werden. Kaum jemand berücksichtigt den Aspekt des geschlechtsspezifischen Machtgefüges, der sich ausdrückt in einer stark von Angst, Unterdrückung, mangelndem Selbstvertrauen und im Gegenzug von Macht, Dominanz und Raumeinnahme geprägten Körpersprache. Auffällig ist jedoch, daß das entsprechende Bildmaterial und die dazugehörigen Kommentare genau diesen Sexismus wiederspiegeln: *Er* umarmt sie, *er* wirft ihr bedeutungsvolle Blicke zu, *er* zeigt die Ausdrucksformen eines willensstarken Beschützers oder Vorgesetzten - *sie* lächelt (unsicher), *sie* weicht mit ihrem Körper und ihren Blicken aus, *sie* hält die Beine eng zusammen, [...].[7]

Die geschlechtsspezifische Körpersprache wird als Zustand/Status quo beschrieben und wirkt damit quasi natürlich. Die sich hierauf beziehende Ursachenanalyse wird allerdings, wenn überhaupt, nicht aus einer gesellschaftskritischen Perspektive vorgenommen, sondern durchaus auch unter Zuhilfenahme von (selektiven) Verhaltensbeobachtungen im Tierbereich betrieben.

Nur wenige, und hier sind vor allem Nancy Henley, Gitta Mühlen-Achs und Marianne Wex zu nennen, haben den geschlechtsspezifischen Blickwinkel eingenommen: Mädchen und heranwachsende junge Frauen entwickeln im Kontext geschlechtsspezifischer Arbeitsteilung und gesellschaftlicher Position, der Übernahme vorgelebter Rollenverteilungen und der - häufig direkt erlebten - männlichen Gewalt eine sehr feinmotorische und gleichzeitig auf Zurücknahme und Unterordnung ausgerichtete Körpersprache.

In der gesamten Identitätsentwicklung ist der Erwerb der körperlichen Ausdrucksformen ein wesentlicher Gradmesser für die Anpassung an das erwartete und ihnen entgegengebrachte Rollenverhalten. Die 'typisch weibliche' Haltung und Bewegung wird erstens erreicht durch eine »rigide Disziplinierung *des weiblichen Verhaltens und Benehmens; zweitens in der* Ritualisierung und Verankerung einer durchgängigen Dominanz-Unterwerfungsstruktur, *und drittens in der* Kontrolle bzw. Steuerung des emotionalen Ausdrucks.«[8]

In dieser Hinsicht sind Mütter und weitere weibliche Bezugspersonen für Mädchen besonders wichtig: als Orientierung und Identitätsmodell.

Zum Nachahmen der weibliche Körpersprache tritt die bereits bei der Geburt einsetzende geschlechtsspezifische Erziehung hinzu. Dadurch werden die Mädchen frühzeitig mit Vorstellungen über das von ihnen erwünschte Verhalten und den ihnen zugeschriebenen Eigenschaften und Fähigkeiten vertraut gemacht. Mit dem Erwerb dieser Fähigkeiten entwickeln sie schnell eine auf Unterordnung und Harmonisierung abzielende Körpersprache.

Mädchen werden angewiesen, daß

- sie ihre Aufmerksamkeit auf die Bedürfnisse der anderen Menschen lenken müssen;
- sie für die Harmonie im Gruppengefüge verantwortlich sind;
- sie auf Sauberkeit und Ordnung achten müssen;
- ihr Körper sowohl besonders geschützt werden muß, als auch die männliche Aufmerksamkeit erregen soll;
- der Ausdruck von Emotionen wie Wut und Frustration keine Akzeptanz erfährt, sondern sie zu einem nicht-hübschen, nicht-lieben, 'nicht-richtigem' Mädchen degradiert.

In ihrem Bemühen um eine weibliche Identitätsübernahme durch entsprechende Rollenspiele und feinmotorische Aktivitäten und desweiteren um das Gefallen anderer zu erregen, bilden sie mehrdeutige Ausdrucksformen ihres Körpers.

Ihr ursprüngliches Lächeln, Ausdruck echter Zuneigung, übernimmt zunehmend eine maskierende Funktion in der Zurückhaltung wahrer Gefühle.

Es entsteht die Grundhaltung, daß ein Mädchen immer freundlich und aufmerksam ihren Mitmenschen/ihrer Umwelt zugeneigt sein muß. Dies erfordert das regelrechte Antrainieren des entsprechenden Gesichtsausdrucks. In seiner weitgehenden Ausprägung benennt Mühlen-Achs drei Formen des Lächelns: *»das Dauerlächeln, das deplazierte Lächeln und das gemischte Lächeln«*[9]. Das mit dem Lächeln häufig verbundene seitliche Abneigen des Kopfes *»scheint Frauen so zur zweiten Natur geworden zu sein, daß man sie in jeder beliebigen Situation bei ihnen beobachten kann.«*[10]

Das durchgehend zu beobachtende Auftreten dieses Verhaltens zeigt, daß Mädchen einen geschlechtsspezifischen Lern- und Aneignungsprozeß durchlaufen. Aufmerksamkeit, die sich in der Kopfhaltung nicht gleichberechtigt sondern unterwerfend ausdrückt, erlernen Mädchen in der ihnen schon früh zugewiesenen Einnahme des 'nachrangigen Platzes'. Wenn auch das Aufblicken zu einer größeren Person im Gespräch notwendig ist, so ist das Vorstrecken des Kinns bei gleichzeitigem geradem Zurückstrecken des Kopfes eine Haltung, die oftmals mit dem Kommentar *»Guck nicht so trotzig, du siehst so ja gar nicht schön aus«* sanktioniert wird.[11]

Konträr zu einer auf Außenwirkung abzielenden Mimik verhält es sich mit der Arm-, Bein- und gesamten Körperhaltung. In der Zuweisung, möglichst wenig Raum einzunehmen, entwickeln Mädchen eine enge Körperhaltung und -bewegung:
- die Arme werden eng gehalten,
- die Beine beim Sitzen angezogen,
- die Schritte sind wenig ausladend.[12]

Die Ermahnung, daß man(n) dem Mädchen ja unter den Rock gucken kann, fällt in Anbetracht des Hosentragens zwar aus. Die

Hinweise darauf, daß eine raumeinnehmende Haltung einem Mädchen aus Attraktivitätsgründen nicht (zu)steht, haben jedoch nach wie vor Bestand.

Unterstützt wird die verbale Disziplinierung durch die Beschränkung der Bewegungsräume und seitens der Mädchen durch an der Erwachsenenwelt orientierte Rollenspiele, wie zum Beispiel: Mutter, Vater, Kind.

Balancieren auf einem Balken, Herumschwingen um eine Turnstange, Seilchenspringen, Gummitwist, formenbestimmtes Tanzen (Ballett), Nachahmung der (weiblichen) Erwachsenenwelt – hierbei handelt es sich um beachtenswerte Fähigkeiten. In ihrer Raumbegrenzung blockieren sie jedoch eine körpersprachliche Entwicklung, die eine Aneignung eindeutiger räumlicher Distanzsignale zuläßt, wie zum Beispiel weites Armausstrecken, eine sichere Beinhaltung etc. Sie fördern zudem im Zusammenspiel mit der Forderung nach Attraktivität und gleichzeitiger Gefühlskontrolle insbesondere von Wut und Ablehnung *(Mach nicht so ein böses Gesicht)* die Disziplinierung und Ausrichtung der Körperspannung nach innen. Eine solche innenzentrierte Spannung kann sich beispielsweise folgendermaßen ausdrücken: Die geballte Faust wird in der Tasche versteckt, die Zähne werden bei geschlossenem Mund aufeinandergebissen, die Hände ineinandergesteckt und der Kopf und die Schultern eingezogen.

Von den ursprünglichen Distanzsignalen bleiben das Abdrehen des Kopfes und Abwenden der Blicke erhalten. Offensive Ausdrucksformen, wie

– direkte, abschätzende, 'böse' Blicke,

– abweisende Arm- und Handbewegungen,

– eine gerade Körperhaltung,

– das Parallelhalten der Füße und Beine

werden sanktioniert und abtrainiert durch Bewertungen, die auf eine Herabsetzung der Identität oder des Selbstwertgefühls als Mädchen abzielen:

– *Du bist aber gar kein liebes Mädchen,*

- *Was soll Mama (Papa, Oma, Opa, ...) von dir denken, wenn du so aussiehst,*
- *Du rennst ja herum wie ein Junge, ...*

Dies sind nur einige gängige Kommentare, wenn Mädchen einen ablehnenden Gesichtsausdruck aufsetzen oder eine raumeinnehmende Haltung zeigen.

Die Reduzierung beziehungsweise Verfälschung von Distanzsignalen ist insbesondere im Kontext unerwünschter Berührungen als Aufgabe eines wesentlichen Selbstschutzes zu bewerten.

Inwieweit bereits im Kleinkind- und Vorschulalter die weitaus offenere Körperhaltung gegenüber dem gleichen Geschlecht gefestigt wird, läßt sich anhand der existierenden Literatur nicht feststellen. Sicherlich wäre es spannend, diesen im Erwachsenenalter beschriebenen Unterschied im Kontext der speziellen Bedeutung von Mädchenfreundschaften und der von Mädchen beobachteten Interaktion von Frauen zu untersuchen. Im Rahmen dieses Buches ist das aber nicht zu leisten.

Die Bedeutung der Körpersprache in der Interaktion

Ging es im vorherigen Abschnitt um die mädchenspezifische Entwicklung einer primär auf Zurückhaltung und Unterlegenheit ausgerichteten Körpersprache, so soll in diesem Abschnitt ein besonderes Augenmerk auf ihre Wirkung und Bedeutung in der Interaktion mit Jungen und Männern gelegt werden.

Zeichen, die Unterlegenheit und Rücknahme des Raumes signalisieren, finden ihre Entsprechung in dem Ausdruck von Macht und Dominanz, welche von Jungen gleichermaßen geschlechtsspezifisch erlernt wird.

Auf der Grundlage kommunikationspsychologischer Sichtweise, daß Interaktion kein einseitiges Agieren und Reagieren ist, sondern ein Wechselspiel der Interagierenden, erhält der Gebrauch geschlechtsspezifischer Körpersprache auch eine rollenfestigende Funktion. Lächeln *kann* echte Freundlichkeit ausdrücken, so wie das Abwenden des Blickes und eine enge Körperhaltung Respekt vor dem Bedürfnis einer anderen Person nach Distanz sein kann. Dies alles macht in der Interaktion jedoch auch den unterschiedlichen Machtstatus deutlich: *»Diese Details gehören zur ständigen sozialen Kontrolle, die bei der internalisierten Sozialisation beginnt und bei roher körperlicher Gewalt endet.«*[13]

Die Umsetzung der Rollenannahme in den körpersprachlichen Ausdruck wird auch darüber bestimmt, daß die Erziehung in den unterschiedlichen Sozialisationsinstanzen auf folgende Verhaltensweisen abzielt:

– *sie* ist kleiner und schwächer,
– *sie* ist leiser und rücksichtsvoll,
– *sie* trägt die Verantwortung für eine harmonische Atmosphäre,
– *sie* muß attraktiv für ihn sein,
– *sie* muß auch unerwünschte Berührungen zulassen,
und
– *er* ist größer und stärker,
– *er* ist lauter und fordernd,
– *er* kann störend und aggressiv sein,
– *er* muß nicht so sehr auf sein Äußeres achten,
– *er* kann den Zeitpunkt und die Art von Berührungen bestimmen.

Da die zu jedem Zeitpunkt stattfindende nonverbale Kommunikation schneller ist als das gesprochene Wort und zudem eine grundsätzlich ehrliche Aussage macht über den inneren Zustand von Sicherheit/Unsicherheit und Stärke/Hilflosigkeit, kommt ihr in dem Moment einer durch unterschiedliche Bedürfnisse und Asymmetrie der Beziehung gekennzeichneten Situation eine besondere Bedeutung zu.

Dies wird extrem deutlich in der an Ignoranz und Arroganz wohl kaum zu übertreffenden Aussage: *Eine Frau, die nein sagt, meint ja.* In diesem einen Satz wird das Zusammenspiel von Rollenzu-

weisung, Machtgefüge und Körpersprache exemplarisch deutlich, denn er steht in dem Kontext, daß eine Frau Berührungen durch einen Mann ablehnt, die dieser jedoch auf jeden Fall zu seiner 'Befriedigung' ausführen will. Ihr gesprochenes *Nein* ist eine deutliche Ablehnung. Das (angebliche) *Ja* stellt die von ihm erfolgte und gleichzeitig für seine Zwecke günstige (falsche) Interpretation der von ihr in diesem Moment gezeigten Körperhaltung und Mimik dar:
- eng am Körper gehaltene Arme und Beine,
- zusammengezogene Schultern,
- Zurückweichen vor dem anderen,
- Lächeln, das auf Freundlichkeit bedacht ist und/oder dem Gefühl von Unsicherheit entspringt,
- ängstliche oder ausweichende Blicke.

Dies sind Signale, die nicht als Ablehnung respektiert, sondern in 'weibliche Schüchternheit' umgedeutet werden. Das Lächeln wird (bewußt) als Einladung mißverstanden; die weiteren Mitteilungen bestätigen ihm seine Überlegenheit und Macht. In der Konsequenz führt dies zur Grenzverletzung, Raumeinnahme und körperlichen, sexuellen Gewalt.

Die Nicht-Übereinstimmung zwischen dem gesprochenen *Nein* und der Unentschlossenheit in der Körpersprache erklärt sich aus dem für Mädchen und Frauen geltenden Tabu, Wut zu zeigen. Entsprechend dem Grad der Aneignung von Unterdrückung negativer Gefühle, verlieren Mädchen und Frauen ein wirkungsvolles körpersprachliches Mittel zur Durchsetzung der eigenen Interessen.

Im Umkehrschluß bedeutet dies natürlich keine Rechtfertigung für das Dominanz- und Besetzerverhalten seitens des männlichen Gegenparts. Die Verletzung ihres Rechts auf emotionale und körperliche Unversehrtheit wird eben auch darüber vollzogen, daß die Körpersprache des Mädchens beziehungsweise der Frau bewußt nicht in ihrer Gesamtheit wahrgenommen wird, sondern aus taktischen Gründen zur Einladung umdefiniert wird.

Welche Bedeutung den verschiedenen Ausdrucksformen im Einzelnen zukommt, werde ich nun in der folgenden Aufschlüsselung darstellen.

Mimik

Das Gesicht ist ein Spiegel der Gefühle und Gedanken. Sieht man einmal von dem professionellen Gebrauch der Mimik im Theaterspielen ab, so dient sie als primäre Informationsquelle über den Zustand, die Absichten und den Status eines Menschen. Zudem hat sie einen wesentlichen Einfluß auf die Gesamtausstrahlung. In ihrer ursprünglichen Ausdrucksuniversalität bringt sie die grundlegenden, in der zwischenmenschlichen Beziehung bedeutungsvollen Emotionen wie Freude, Neugierde, Trauer, Wut, Angst, Überraschung, Aggression zum Ausdruck. Diese Ursprünglichkeit der Mimik verändert sich im Sozialisationprozeß dahingehend, daß sowohl die Kompensation der Gefühle (ein Mädchen zeigt kein trotziges Gesicht; ein Junge weint nicht), als auch die Positionen von Unter- und Überordnung erkennbar werden. Die anerzogene Gefühlskontrolle geht mit einer Kontrolle des Gesichtsausdrucks Hand in Hand. Je stärker diese internalisiert werden, umso mehr wird die Mimik zum zweiten Wesen eines Menschen. Am Beispiel des Lächelns wurde dieser Mechanismus bereits deutlich. Doch selbst ein noch so 'cooles' Gesicht oder 'Pokerface' kann nicht über einen inneren Erregungszustand hinwegtäuschen. Das Erröten oder Blaßwerden läßt sich kaum willkürlich steuern. Ebensowenig kann ein noch so freundlich zur Schau gestelltes Lächeln den inneren Zustand von Unsicherheit und Angst gänzlichst verbergen. Allerdings bestätigt, verändert oder mildert die Mimik die Aussage eines Menschen ab.

Zudem drückt sie nicht nur etwas gewollt oder ungewollt aus, sondern sie hinterläßt auch einen ersten und spontanen Eindruck, der unter Umständen die gesamte Atmosphäre eines Raumes beeinflußt. So kann ein weinender Mensch eine bis dahin fröhliche Gruppe verstummen lassen; eine Frau mit ausgeprägtem verkniffenen Mund wird auf allgemeine Ablehnung stoßen, da sie gegen die Attraktivitätsregel verstößt.

Letztendlich kommt der Mimik zweierlei Bedeutung zu:
- Sie ist der direkte Kanal, über den eine momentane Rollenzuweisung vorgenommen wird, und ist dadurch mitbestimmend im aktuellen Nähe- und Distanzverhalten.
- Sie kann aus taktischen Gründen bewußt eingesetzt werden, um eigene Bedürfnisse durchzusetzen.[14]

Blicke und Blickkontakt

Im Gegensatz zum Mienenspiel ist es kaum möglich, mit den Augen (Blicken) etwas über die wirklich vorhandenen Gefühle und Absichten zu verbergen.
- *Wenn Blicke töten könnten,*
- *mit den Augen verschlingen,*
- *mit blitzenden Augen,*
- *die Augen strahlen vor Freude,*
- *die Blicke schamhaft abwenden.*

Schon diese Kostprobe aus dem vielfältigen, alltäglich benutzten Repertoire der Beschreibungen von Augen/Blicken, verdeutlicht die Ausdruckskraft und die Bedeutung, die wir ihnen beimessen. Augen können nicht lügen, entsprechend werden sie auch als Spiegel unserer Seelen bezeichnet. Sie drücken die ganze Bandbreite der Empfindungen aus: von Selbstsicherheit bis Unsicherheit, von Bewunderung bis Verachtung, Freude und Trauer, Neugierde und Langeweile, Distanz und Aufdringlichkeit, Friedfertigkeit und Aggression, Arroganz und Respekt etc. Die nicht zu verleugnende Ehrlichkeit von Blicken erfordert eine mehr oder weniger kontrollierte Blickrichtung, und zwar entsprechend der gesellschaftlich vorgegebenen Verhaltensnormen und dem jeweiligen Grad von Selbstbewußtsein. Mädchen wird es untersagt, den

Jungen offen hinterherzugucken. Frauen sollten den direkten Blickkontakt mit einem Mann vermeiden, es sei denn, es handelt sich um ihren Partner/Ehemann oder einen Mann, der in der gesellschaftlichen Rangordnung unter ihr steht. Ein kurzer Blick der Aufmerksamkeit ist ebenfalls gestattet, ein längerer direkter Blick gilt schnell als unverschämt.

Sowohl Aussage als auch Interpretation des Blickverhaltens hinsichtlich ihrer Blickdauer und -richtung ist stark geschlechtsspezifisch beeinflußt. So gilt zum Beispiel das Abwenden des Blickes bei einem Mann überwiegend als Ignoranz und Desinteresse, während diesem Verhalten bei Frauen oft die Bedeutung der Unsicherheit und Unterwürfigkeit beigemessen wird.

Starrende, wütende, aber auch freundliche Blicke finden ihre Erwiderung entsprechend der Gleichberechtigung oder dem Machtunterschied zwischen zwei Menschen. Dies läßt sich u.a. schon bei Kindern beobachten, wenn sie in ihr Spiel versunken sind: *Wer kann der/dem anderen am längsten in die Augen schauen.*

In einer Situation der Aggression kann die Unterbrechung des Blickkontaktes ein erster Schritt zur Deeskalation sein. Bei Belästigung, Anmache und Angriff signalisiert jedoch das Abwenden des Blickes seitens des Mädchens oder der Frau dem Mann nicht nur ihr Unbehagen, sondern in aller Regel auch ihre Hilflosigkeit. Damit wird einem Täter seine Macht bestätigt, die er infolge ausnutzt und mißbraucht.

Unterschiede im Blickverhalten von Frauen und Männern sind auch hinsichtlich der Häufigkeit des visuellen Kontaktes festgestellt worden. Das Ergebnis entsprechender Experimente weist eine deutlich höhere Rate der Aufmerksamkeit durch Blicke bei Frauen auf.[15] Die Ursachen dafür jedoch ausschließlich in Persönlichkeitsvariablen zu suchen, ist zumindest lückenhaft, da Blickqualität, also der Blickcharakter, und Statusgefälle wesentliche Einflußfaktoren in der Interaktion sind. Henley selbst gibt Hinweise darauf, daß ein häufiger Blickkontakt im sozialen Kontext zu sehen ist. Sie führt die Möglichkeit an, daß der häufige Blickkontakt auch im Zusammenhang mit der erhöhten Aufmerksamkeit von Frauen für ihre Umgebung zu suchen ist.

Daß die Häufigkeit des Blickes keinen Rückschluß auf den Charakter und die Dauer des Blickes beinhaltet, läßt sich recht einfach anhand der Art männlichen Anstarrens veranschaulichen. Glotzen, mit den Blicken ausziehen, dies sind Verhaltensweisen, die in der Öffentlichkeit kaum bei Frauen vorgefunden werden. Es ist naheliegend, daß ein häufiges Aufschauen in so einem Moment vielmehr der Situationsüberprüfung gilt, als daß eine nähere Kontaktaufnahme gewünscht wird.

Die Frage, inwieweit das hier aufgeführte Blickverhalten sich undifferenziert auf Mädchen vom Kleinkindalter bis zur Pubertät übertragen läßt, muß an dieser Stelle aufgrund mangelnder Untersuchungen unbeantwortet bleiben. Auf dem Hintergrund der im obigen Kapitel beschriebenen Entwicklung weiblicher Körpersprache liegt aber die Vermutung nahe, daß es sich auch hier um eine prozeßhafte und nicht immer lineare Entwicklung handelt.

Gestik

Entsprechend der Entwicklung ihres Selbstwertgefühls, der Orientierung an aufgesetzten Attraktivitätsnormen, und der Förderung eher feinmotorischer Aktivitäten, eignen Mädchen und Frauen sich mehr *Präzisionszeichen* als *Machtzeichen* an. *»Erstere sind signifikante Elemente eines präzisen, differenzierten, sensiblen, eher feinmotorischen Kommunikationsstils, ...«*[16]
Die Ausrichtung weiblicher Gestik ist vorwiegend selbstreflexiv. So äußert sich beispielsweise

- *Nervosität* durch fahrige Gesten am eigenen Körper, das Spielen mit den Händen und Fingern, oder durch das Spielen mit einem anderen Gegenstand;
- *Unsicherheit* durch Streichen oder Bedecken einzelner Gesichtspartien, oder dem Spielen mit den Haaren;
- *Scham, Angst, der Wunsch nach Distanz* im Umklammern des eigenen Körpers oder dem Verstecken der Hände.

Eindeutige Machtzeichen, die Stärke, Entschlossenheit und den Anspruch auf Raum ausdrücken, sind im Konzept der geschlechts-orientierten Ausdrucksformen weitestgehend den Jungen und Männern vorbehalten. Die gestreckte und geballte Faust, der aus-gestreckte Zeigefinger (nach oben und vorne), aber auch das eindeutige Greifen nach jemandem sind Gesten, die Frauen nur selten in Richtung anderer Personen einsetzen. Ausnahmen bil-den Momente im (Leistungs-)sport oder im Umgang mit (schwä-cheren) Kindern.

An dieser Stelle möchte ich nicht auf die Bewertung einzelner Gesten eingehen, wie z.B. dem in die Höhe gereckten Finger, wohl aber noch einmal auf die folgende, in zahlreichen Studien nachgewiesene Feststellung zurückkommen:

Im Aufeinandertreffen von Mädchen und Jungen, beziehungswei-se Frauen und Männern, werden männliche, raumbeanspruchende und Distanz signalisierende Gesten in aller Regel respektiert, wäh-rend die in der gleichen Absicht geäußerten weiblichen Signale häufig ignoriert oder uminterpretiert werden. In diesem Kontext gilt auch die folgende Aussage: *»Auf dem Wege zur Entwicklung einer eigenen Körpersprache jedoch fühlen sich Mädchen miß-verstanden, Verdächtigungen ausgesetzt, mit für sie nicht akzep-tierbaren Zumutungen konfrontiert.«*[17]

Haltung und Bewegung

Mit ihrer Haltung und Bewegung drücken Menschen gleicherma-ßen etwas Generelles über sich selbst als auch über ihre situations- und personenbezogene Reaktionen aus: *»Körperhaltungen korre-spondieren mit der Haltung zu anderen und sich selbst; gleich-zeitig ist der Körper Medium für bewußte und nicht bewußte Mitteilungen.«*[18] So lassen sich im Alltag eine Vielzahl von um-gangssprachlichen Ausdrücken finden, die darauf verweisen, wie zum Beispiel:

- *aufrecht durch das Leben gehen,*

- *geknickt sein,*
- *sich verschließen,*
- *sich hängen lassen,*
- *vor Freude in die Luft springen,*
- *auf dem Sprung sein,*
- *mit beiden Beinen fest im Leben stehen.*

In der Literatur wird der Entschlüsselung einzelner Haltungen und Bewegungen von Kopf, Schultern, Armen, Beinen, Händen, Füßen und Rumpf viel Aufmerksamkeit gewidmet. Ohne an dieser Stelle eine vollständige Wiedergabe vornehmen zu können, seien im folgenden einige Beispiele aufgeführt:

Zuneigung: Öffnen der Arme, Zuwendung des Körpers, offene Beinhaltung;

Ablehnung beziehungsweise *abwartende oder skeptische Haltung*: Verschränken der Arme, je nach Grad der Ablehnung ein mehr oder weniger starkes Abdrehen des Körpers, Aus- und Zurückweichen, Wegdrehen des Kopfes, Zusammenziehen der Schultern;

Selbstbewußtsein: ein aufrechter Gang, das Körpergewicht auf beiden Beinen verteilt, das Geradehalten des Kopfes, beim Sitzen den ganzen Platz einnehmen;

Unsicherheit: Verstecken der Hände und Arme (hinter dem Rücken, unter dem Tisch, etc.), ständige Gleichgewichtsverlagerung, Auf- und Abbewegen der Schultern.[19]

Eine solche Auflistung, wie Rückle sie beispielhaft vornimmt, muß kritisch betrachtet werden, da sie keinen Zusammenhang zu einer Situation und den darin Interagierenden herstellt. Ein großer Teil der körpersprachlichen Haltungen wird für alle Menschen, gleich welchen Alters, Geschlecht und Sozialstatus normiert und festgehalten. Inwieweit dies unzulässig ist, mag ein Beispiel verdeutlichen: Die Hände einer Frau sind bei der Gartenarbeit schmutzig geworden. Überraschend bekommt sie Besuch. In Abhängigkeit, *wer* da gekommen ist, wird sie offen und selbstsicher ihren Besuch begrüßen, oder aber fahrige Bewegungen ausführen und eventuell ihre Hände verstecken. Die darin zu interpretierende Unsicherheit kann durchaus im Zusammenhang mit Verhaltensmaßregeln verstanden werden, welche von einer Frau verlangen, ihren (männlichen) Besuch sauber zu begrüßen. Es geht also letztendlich darum, durch welche Signale, Haltungen und Bewegungen jemand zeigt, verstanden zu haben, wie sich eine 'richtige' Frau, bzw. ein 'richtiger' Mann verhält.

Die Fortführung und Reproduktion asymetrischer Geschlechterverhältnisse in dieser Literatur ist dort unübersehbar, wo in der Beschreibung bereits eine offensichtlich sexistische Beurteilung enthalten ist. So schreibt wiederum beispielsweise Rückle der Kopfhaltung *»seitlich geneigter Kopf mit verträumten Gesichtsausdruck«* die *»wahrscheinliche Bedeutung Verträumtheit, bei Frauen vielleicht Bereitschaft zur Hingabe«* zu. Und weiter bedeuten nach seiner Interpretation *»fließend weiche Hüftbewegungen und übertriebene Mitbewegung des Gesäßes [...] bei Frauen Koketterie und Eitelkeit; bei Männern meist stärker ausgeprägte weibliche Komponente«*.[20]

Ob eine tendenziell offene oder geschlossene Körperhaltung eingenommen und eine eher zu- oder abwendende Bewegung durchgeführt wird, ist abhängig von

- dem Status einer Person,
- dem Geschlecht einer Person,
- dem Geschlecht der Person/en, mit der/denen kommuniziert wird,
- den vorhandenen Absichten und Bedürfnissen,
- dem inneren emotionalen Zustand und
- der Umgebung.

So schreibt Tramitz auch: *»Je entspannter Körper- und Sitzhaltung sind, desto höherer Status wird angenommen.«*[21]

Zu den kaum wirkungsvollen Reaktionen in Situationen der Belästigung und eines Übergriffes gehören eine verkrampfte *»oder eine ängstliche Haltung, die 'Tu mir nichts, ich bin ja harmlos' ausdrücken soll;«*[22] und auf Rückzug bedachte Bewegungen.

Wenngleich eine geschlossene Körperhaltung und das Ausweichen und Wegdrehen deutliche Signale der Ablehnung sind, so ist es doch eine Frage der oben genannten Faktoren und der selektiven Wahrnehmung, inwieweit Haltung und Bewegung zutreffend interpretiert und respektiert beziehungsweise ignoriert werden.

Auf die unterschiedliche Wahrnehmung komme ich im nun folgenden Abschnitt zu sprechen.

Die Wahrnehmung der Körpersprache

»Frauen erkennen die Körpersprache besser als Männer. [...] Frauen bemühen sich, umsichtiger, sorgfältiger auf die Körpersprache ihres Gegenübers einzugehen, wobei sie sich, im Gegensatz zu Männern, mehr auf mimische Ausdrucksformen verlassen als auf die körperlichen Verhaltensweisen.«[23]

Die unterschiedlich intensive und vor allem zutreffende Wahrnehmung durch Frauen und Männer ist in zahlreichen Experimenten nachgewiesen worden, unter anderem durch Rosenthal, Constanzo und Archer.

Bereits im Vorschulalter zeigen Mädchen eine größere Fähigkeit in der genauen Entschlüsselung der Körpersprache und behalten sie auch fortan. Warum dies so ist, darüber gibt es bislang keine gesicherten Erkenntnisse. Das vorliegende Material deutet jedoch auf die unterschiedliche soziale Rolle der Geschlechter hin. Somit liegt auch die Vermutung nahe, daß sich die dazugehörige geschlechtsspezifische Sozialisation auf die Fähigkeiten von Mädchen und Jungen hinsichtlich der Wahrnehmung und Interpretation von Körpersprache auswirkt.

Ebenso wie der körpersprachliche Ausdruck ist die Wahrnehmung nicht nur durch den Einflußfaktor Geschlecht bestimmt sondern auch durch situative und emotionale Bedingungen.

Wer sich bereits der Aufmerksamkeit anderer sicher sein kann, ist wenig sensibel für den Bewegungsausdruck anderer Menschen. Je mehr die Konzentration auf das eigene Befinden ausgerichtet ist, umso weniger wird eine andere Person in ihren Bedürfnissen und Absichten wahrgenommen. Gerade Männer in einer Machtposition, wie Väter oder Vorgesetzte, sind nicht darauf angewiesen, körpersprachliche Signale exakt wahrzunehmen und zu interpretieren.[24]

Vor diesem Hintergrund ist auch ein Erklärungsansatz zu sehen, der die höhere Sensibilität von Mädchen und Frauen in Relation zu der von ihnen erwarteten und gelernten Aufmerksamkeit gegenüber anderen Menschen, insbesondere Kindern und Männern, sieht.[25]

Obwohl Mädchen und Frauen über weitreichende Fähigkeiten der körpersprachlichen Wahrnehmung verfügen, trauen sie in Situationen von Grenzüberschreitungen ihren eigenen Bewertungen häufig nicht. *Der meint das ja nicht so (böse)*, ist ein typischer Gedankengang, der bereits im frühen Kindesalter erlernt wird. So werden insbesonders Mädchen mit diesem Verweis nachhaltig genötigt, sich nicht gegen unerwünschte Berührungen zu wehren. Das deutliche Ungleichgewicht zwischen dem Erkennen, *mir tritt jemand zu nahe*, und der Ausbildung von angemessenen deutlichen Reaktionen gerät in Situationen der Belästigung und des Übergriffes den Mädchen und Frauen zum Nachteil. In der Konsequenz bedeutet dies, daß ihre inkongruente Reaktion auf die zutreffende Wahrnehmung des Gegenübers wird ausgenutzt (mißbraucht) zur Durchsetzung des Stärkeren.[26]

Entsprechend stellt Tramitz fest: »*Männer, so scheint es, benötigen äußerst klare und unzweifelhafte Signale der Zurückweisung, bis sie es wahrhaben können oder wollen, daß sie von einer Frau abgelehnt werden.*«[27]

Eine durchschnittlich bessere Wahrnehmung der Körpersprache von Mädchen und Frauen läßt sich also durchaus zurückführen auf ihre hierarchische Stellung, ihre erhöhte Aufmerksamkeit gegenüber anderen Personen und ihre (daraus resultierende) größere Geübtheit.

Resümee

Die wissenschaftliche Erforschung der nonverbalen Kommunikation ergibt eine Fülle von Informationen hinsichtlich der Entwicklung, Bedeutung und Anwendung von körpersprachlichen Ausdrucksformen. Sie entschlüsselt detailliert die Informationen, die Mimik, Gestik, Blicke, Haltung, Bewegung etc. enthalten. Zudem führt sie die in Interaktionsabläufen wichtigen Abhängigkeitsfaktoren wie emotionale Verfassung, Bekanntheitsgrad und situative Bedingungen auf.

So genau diese Bereiche aufgeführt werden, so undifferenziert werden die geschlechtsspezifischen Aspekte analysiert. Zeichen von Dominanz und Macht sowie raumeinnehmende Ausdrucksformen werden tendenziell Jungen und Männern zugeordnet, während es sich bei Unterwerfungssignalen und engen Bewegungs- und Haltungselementen tendenziell um eine 'typisch weibliche' Körpersprache handelt. Inwieweit es sich hierbei jedoch um ein Ergebnis geschlechtsspezifischer Sozialisation handelt bleibt weitestgehend ausgeblendet.

Damit Mädchen und Frauen in ihren Meinungen und Bedürfnissen ernst genommen werden (seitens der Jungen und Männer), reicht es aus mehreren Gründen nicht aus, eine einseitige Veränderung der nonverbalen Kommunikation von ihnen zu verlangen:

- Eine Veränderung der Körpersprache ist nur dann echt, wenn sie mit einer Veränderung des Selbstbewußtsein einhergeht. So zeugen Dominanzzeichen nur dann von Stärke, wenn diese auch innerlich gefühlt wird.
- Mädchen und Frauen, die sich, den herkömmlichen Interpretationen zufolge, einer eher männlichen Körpersprache bedienen, werden häufig nicht akzeptiert, sondern diffamiert und als Mädchen beziehungsweise Frau nicht ernstgenommen.
- Es ist wünschenswert, den nonverbalen Kommunikationsstil von Mädchen und Frauen nicht mit Defiziten zu belegen, sondern körpersprachliche Ausdrucksformen dahingehend zu

bewerten, inwieweit sie einer Situation angemessen sind und von sozialer Handlungskompetenz zeugen. Ein solcher Maßstab ist für beide Geschlechter erstrebenswert.[28]

All dies erfordert eine grundsätzliche Statusaufwertung von Mädchen und Frauen und das Zugeständnis von Verhaltensweisen und Gefühlen, die ihnen bislang aufgrund des Konzeptes einer geschlechtshierarchischen Gesellschaft nicht zugestanden werden, wie zum Beispiel das Äußern von Wut und Ablehnung.

Ebenso müssen Jungen und Männer lernen, daß auch sie Schwächen zeigen dürfen (und nicht nur im intimen Zusammensein mit der Partnerin beziehungsweise in den ersten Jahren mit der Mutter), und daß ihr genereller Machtstatus unberechtigt ist. Nur dann können auch sie eine vielen Situationen angemessene Körpersprache entwickeln, die eben auch Rücksicht und Zurücknahme beinhaltet.

Dort, wo männliche und weibliche Körpersprache als gegeben angenommen wird, muß die Frage nach subjektiver, das heißt voreingenommener, Wissenschaft gestellt werden, denn »*der Hinweis auf das Angeborensein eines Verhaltens oder einer Dipostion beinhaltet keineswegs, daß diese einer erzieherischen Beeinflussung unzugänglich sei, noch daß man sie als natürlich im Sinne von zweckmäßig hinzunehmen habe.*«[29]

Körpersprache ausschließlich auf der individuellen Ausdrucksebene von ursprünglichen und gelernten Emotionen, Gedanken und Reaktionen anzusiedeln bedeutet, ihr hinsichtlich der Funktion zur Aufrechterhaltung gesellschaftlicher, und damit eben auch geschlechtsspezifischer, Hierarchiegefüge nicht gerecht zu werden. Insofern ist es notwendig sie in den Kontext der gesamten machtstabilisierenden und -erhaltenden Prozesse zu setzen.

Das betrifft natürlich nicht nur die Forschung, sondern greift letztendlich in den gesamten Alltag ein.

Im folgenden soll am Beispiel der Selbstbehauptung und Selbstverteidigung für Mädchen aufgezeigt werden, inwieweit es möglich ist, gezielt auf die Stärkung von Selbstbewußtsein und damit auch auf die Körpersprache Einfluß zu nehmen. Dies ist nicht nur eine Frage der Kursinhalte und ihrer praktischen Umsetzung, sondern wesentlich auch abhängig von der *Art* der Kurse. Da es in den letzten Jahren einen wahren Boom solcher Kurse gegeben hat, ist es zunächst notwendig, ein gezieltes Augenmerk auf die meines Erachtens grundlegenden Kriterien zur Durchführung zu werfen. Nur unter dieser Vorgabe wird sich die aufgeworfene Fragestellung hinreichend beantworten lassen.

4. Selbstbehauptung und Selbstverteidigung für Mädchen

Im Zuge der Frauenbewegung in den siebziger Jahren kam aus Kanada das Konzept des *Wen-Do (women do)* auch nach Europa herüber. Ziel des *Wen-Do* war und ist es, Frauen aus der Rolle des hilflosen Opfers in Gewaltsituationen herauszuholen. Mittels verschiedener Medieneinsätze (Übungen, Rollenspiele, Gespräche ...) haben sie die Möglichkeit, sich unterschiedliche Strategien und Selbstverteidigungstechniken anzueignen, die es ihnen erlauben, sich in alltäglichen Situationen der Belästigung und gegen körperliche Angriffe erfolgreich zu wehren.

Die Auseinandersetzung sowohl mit dem Thema der Gewalt gegen Frauen, als auch mit eigenen Körper- und Bewegungserfahrungen, führte in den achtziger Jahren in einigen Städten zur Gründung von Frauenselbstverteidigungs- und Sportvereinen, wie beispielsweise in Berlin, Bielefeld, Dortmund, Marburg und Münster. Hand in Hand mit der zunehmenden Enttabuisierung familiärer, sexueller Gewalt gegen Mädchen, der Aufdeckung frauenspezifischer Sozialisation, aber auch mit den wachsenden Erfahrungen im Bereich des *Wen-Do* und der Forderung nach einer mädchenorientierten pädagogischen Arbeit, wurde das Kursangebot auf die Zielgruppe der Mädchen erweitert. In den letzten Jahren hat die Selbstverteidigung für Mädchen und Frauen einen regelrechten Boom erfahren, auch aus den Reihen kampfsportorientierter, gemischtgeschlechtlicher Vereine. Insofern ist es notwendig, sich genauer mit einigen prinzipiellen Fragen hinsichtlich eines ausschließlich auf die Bedürfnisse von Mädchen orientierten Konzeptes auseinanderzusetzen, was ich in den folgenden Kapiteln machen werde. Dabei beziehe ich mich vorrangig auf die dokumentierten Erfahrungsberichte und Auswertungen, die aus Hannover, Münster, Remscheid, Unna und Wuppertal vorliegen.

An dieser Stelle möchte ich noch anmerken, daß ich eine Unterscheidung zwischen den Begriffen *Wen-Do* und Selbstbehauptung/Selbstverteidigung nicht vornehme, da ich sie aus den folgenden Gründen für nicht mehr zeitgemäß halte:

- Die Inhalte der Kurse unterscheiden sich nicht danach, unter welchem Namen sie geführt werden. Vielmehr ist die Betonung einzelner Inhalte auf die jeweiligen Hintergründe und Entwicklungen der einzelnen Trainerinnen und ihre spezifischen Aus- und Fortbildungen zurückzuführen.

- *Wen-Do* und Selbstbehauptung/Selbstverteidigung unterliegen gleichermaßen einer Weiterentwicklung, wobei die Zielsetzung unter Berücksichtigung der präventiven und mädchenparteilichen Aspekte die gleiche ist.

- Die Verwendung des einen oder anderen Begriffes ist *auch* eine Frage des Umfeldes und der Verständlichkeit. So benutzen beispielsweise Pädagoginnen häufig andere Begriffe als junge Mädchen oder Seniorinnen.

- Ein Streit um die Begriffe dient meines Erachtens mehr der Aus- und Abgrenzung, denn der konstruktiven Zusammenarbeit.

Wenn ich im Folgenden also beide Begriffe verwende, so geschieht dies auf dem Hintergrund der Übereinstimmungen hinsichtlich der Konzepte und Inhalte. Auch werde ich manchmal nur den Begriff Selbstbehauptung oder Selbstverteidigung benutzen. In diesem Fall handelt es sich um eine umgangssprachliche Verkürzung, gemeint sind jedoch immer beide Bereiche.

Um die Notwendigkeit von Selbstverteidigungs- und Selbstbehauptungsgruppen transparent zu machen, möchte ich zunächst - über die Aspekte der Körpersprache und des Körperselbstbildes hinausgehend - auf die Situation der gegen Mädchen gerichteten Gewalt eingehen.

Gewalterfahrungen im Alltag

Die Notwendigkeit, Selbstbehauptung und Selbstverteidigung in Mädchengruppen auszuprobieren und zu lernen, ergibt sich aus der alltäglichen und alle Lebensbereiche durchziehenden geschlechtsspezifischen, sexuellen Gewalt. Sich ihr partiell zu entziehen, beispielsweise durch passive Verweigerung, hat die Einschränkung von Bewegungs- und Erfahrungsräumen von Mädchen zur Folge, erhöht aber nicht deren Sicherheit. Im Gegenteil: sich nicht frei auf der Straße bewegen zu können oder zu dürfen, Freizeitheime zu meiden, der Rückzug aus dem Sportunterricht und weitere, auf Vermeidung abzielende Verhaltensweisen fördern Gefühle der Angst, Unsicherheit, Ohnmacht und Hilflosigkeit. Diese Empfindungen und auch vielfach existierende Schuldgefühle sind Resultate vorhandener Gewalterfahrungen auf drei unterschiedlichen Ebenen: *körperlich, emotional/psychisch und strukturell.*

Unter struktureller Gewalt sind all die Normen und Strukturen zu verstehen, die auf Grundlage der hierarchischen Geschlechterordnung verhindern, daß

- Mädchen gleichermaßen wie Jungen Erfahrungs- und Bewegungsräume zugänglich sind, in denen ihre Bedürfnisse berücksichtigt werden (beispielsweise Jugendheime und die Straße);
- Lerninhalte und deren Vermittlung sich gleichwertig an dem Lebensalltag und den Fähigkeiten von Mädchen orientieren;
- die ihnen aufgezeigte Lebensperspektive sich weniger an Rollenzuweisungen und traditioneller Arbeitsteilung, denn vielmehr an den vorhandenen Fähigkeiten und Wünschen der Mädchen orientiert.

Psychische Verletzungen treten sowohl als etwas eigenständiges auf, beispielsweise durch massiven Liebesentzug, als auch infolge physischer Gewaltausübung. Körperliche Mißhandlungen beinhalten, insbesondere wenn sie durch nahestehende Personen ausgeführt werden, immer auch einen Vertrauensbruch zu dem betreffenden Menschen. Beides, körperliche wie emotionale Gewalt-erfahrungen, werden primär im familiären Rahmen gemacht und setzen sich in weiteren Sozialisationsinstanzen wie Kindergarten oder -gruppe, Schule und *peer-group* fort. Sexistische Anmache, Diskriminierung aufgrund ihrer Geschlechtszugehörigkeit, auszie-hende Blicke und Grenzverletzungen der Intimsphäre lösen eben-so die oben genannten Gefühle aus wie Schläge und Tritte. Als schwerwiegenster Angriff auf die physische wie psychische Inte-grität von Mädchen gilt der sexuelle Mißbrauch.[1]

All diese Übergriffe und Angriffe sind Handlungen der männ-lichen Machtausübung und finden nach dem 'Prinzip des Stärke-ren' statt. Mütter, die an ihren Kindern Gewalt ausüben, handeln ebenfalls in diesem Sinne, da sie die Kontrolle und Unterwerfung der Schwächeren fortsetzen. Allerdings steht »*neben der Macht über die Tochter [...] die Ohnmacht gegenüber dem Mann*«.[2]

Selbstbehauptung und Selbstverteidigung mit Mädchen durchzu-führen, heißt zwangsläufig auch, sich wesentlich mit ihren konkre-ten Gewalterfahrungen in der Schule auseinanderzusetzen. Schule ist in mehrfacher Hinsicht ein zentraler Lebensbereich: Über ei-nen Zeitraum von mindestens neun bis zehn Jahren ist sie ein Ort, dem bis auf (gelegentliches) Schwänzen nicht entgangen wer-den kann. Hier treffen Mädchen und Jungen, Kinder, Jugendliche und Erwachsene mit all ihren individuellen Unterschieden zwangs-läufig aufeinander. Die Art der Wissensvermittlung und -aneig-nung sowie die im Unterricht stattfindenden Interaktionsprozesse spiegeln gesellschaftliche Strukturen und Normen wieder. Mit dem Begriff des *heimlichen Lehrplanes* wird über den Sachinhalt des Unterrichts hinausgehend seine geschlechtsspezifische Struk-tur erfaßt:

- Mädchen erfahren für ihre tendenziell bessere kognitive Lei-stungsfähigkeit und soziale Handlungskompetenz keine ange-messene Anerkennung und Bestätigung;
- Lehrinhalte berücksichtigen nur ungenügend ihre Lebens-realitäten;

– Jungen werden mehr beachtet und stärker gefördert.[3]

Dies bleibt nicht ohne Folgen für das Selbstvertrauen. So kam Horstkemper in einer Studie an hessischen Gesamtschulen in den Klassen 5, 6 und 7 zu dem Ergebnis, daß sich in diesem Zeitraum das Selbstvertrauen von Mädchen und Jungen sehr unterschiedlich entwickelte. Während sich das der Jungen zu ihren Gunsten erhöhte, veränderte sich das der Mädchen zu ihrem Nachteil.[4]

Das grundlegende Wissen um den heimlichen Lehrplan ist wichtig, um Wege zu einer langfristigen Veränderung der Situation entwickeln zu können.

In der Selbstbehauptung und Selbstverteidigung erhalten die Erlebnisse von Anmache, sexueller Belästigungen und körperlicher Gewalt seitens der Jungen und auch von Lehrern eine zentrale Bedeutung in der Auseinandersetzung. *»Sie werden geschlagen, getreten, geboxt, beleidigt, beschimpft, an den Haaren gezogen, ihnen wird der Rock hochgehoben, sie werden aufs Klo gezerrt«.*[5]

Häufig versuchen Jungen, ihre Probleme und Konflikte, deren Ursachen sowohl im schulischen als auch außerschulischem Bereich liegen, durch die Ausübung von Gewalt gegenüber Mädchen und jüngeren Mitschülern scheinbar zu 'lösen'. Sofern LehrerInnen überhaupt bereit sind, ein solches Verhalten im Unterricht zu thematisieren, findet in aller Regel eine Problematisierung der Konflikte statt. Konstruktive Wege zur Lösung des Problems werden nur selten erarbeitet. Damit meine ich sowohl die Unterstützung der Mädchen hinsichtlich des Erwerbs effektiver, situationsangemessener Mittel der Gegenwehr, als auch eine anti-sexistische Jungenarbeit, wie sie beispielhaft von *Spoden* in Berlin durchgeführt wird.[6]

In diesem Zusammenhang beschreibt Rieger:

»Wird über das Thema 'Belästigungen oder Ärgern von Mädchen' im Unterricht gesprochen, ist es in aller Regel so, daß sich mehr Mädchen am Gespräch beteiligen und die Jungen sich überwiegend heraushalten. Die Mädchen versuchen Lösungen für Probleme zu finden, die sie in aller Regel nicht verursacht haben«.[7]

Darüber hinaus ist ein Rückzug in die Mädchenclique in der Schule ohne Störung kaum machbar. Auch Mädchen und Jungen generell voneinander zu trennen, stellt keine befriedigende Lösung dar: Zum einen findet die Gewalt eben auch an anderen Orten statt, zum anderen entspricht sie nicht dem Bedürfnis der Mädchen, wie Faulstich-Wieland und Horstkemper in einer Studie zu Selbstbildern von Schülerinnen herausgefunden haben.[8]

Es gilt, Räume zu schaffen für Mädchen, in denen sowohl ihre Gewalterfahrungen, Ängste und Unsicherheiten als auch ihr Bedürfnis nach effektiven Gegenstrategien zentrales Thema sind. Unter diesen Aspekten stellt das Angebot von Selbstbehauptungs- und Selbstverteidigungsgruppen einen solchermaßen geforderten Raum dar.

Prävention (sexueller) Gewalt: Abhauen, oder was…?

Auf die Frage, wie Mädchen/Frauen sich vor männlicher Gewalt schützen können, bekamen sie über Jahre hinweg – und heute leider immer noch – primär auf Vermeidung und Rückzug abzielende Verhaltensratschläge. Einige davon sind:
- *Geh nicht allein durch eine dunkle Straße!*
- *Zieh dich möglichst unauffällig an!*
- *Wehr dich nicht, das macht den Angreifer aggressiver!*

Angsteinflößende Situationen im öffentlichen Raum zu vermeiden, bringt jedoch keine größere Sicherheit für die Mädchen, da die meisten Bedrohungen in ihrem sozialen Nahbereich liegen: zu Hause, in der Schule, im gewohnten Freizeitbereich. Vermeidungsstrategien ergänzen mädchenspezifische Sozialisationsmechanismen, die auf eine Einschränkung ihrer Bewegungsbedürfnisse und -räume und die Aufrechterhaltung geschlechtsspezifischer Hierarchien abzielen. Verursacht werden solche Regeln zudem durch die eigene Hilflosigkeit von Eltern, insbesondere Müttern, gegenüber männlicher Gewalt und durch die Jahrzehnte währende Tabuisierung familiärer Gewalt.

Die Verinnerlichung der oben genannten Ratschläge hat jedoch fatale Konsequenzen: die Übernahme der Opferrolle auch im Hinblick auf körpersprachliche Signale wird forciert; die Diskrepanz zwischen dem realen und dem vorgestellten Täterbild vergrößert sich zunehmend. Sie mindert das Selbstvertrauen und schwächt den Überlebenswillen, der ein Mädchen unter Umständen retten kann. Wird ein Mädchen tatsächlich belästigt, überfallen oder vergewaltigt, so wird die Schuldfrage aus einem völlig verzerrten Blickwinkel vorgenommen. Nicht ihr scheinbar grundsätzliches Recht auf körperliche Unversehrtheit führt zu einer eindeutigen, moralischen und strafrechtlichen Verurteilung des Täters. Statt dessen müssen Opfer sexueller Gewalt sich fragen lassen, ob sie sich nicht *falsch* verhalten haben, beziehungsweise ob sie durch ihr Verhalten nicht den Jungen oder Mann zu seiner Tat provoziert haben. Solcherlei Vorwürfe rufen Schuld- und Schamgefühle hervor, die oft jahrelang nicht verarbeitet werden können.

Mangelnde familiäre und öffentliche Solidarität, die Angst vor einer Wiederholung und der explizit bei sexuell mißbrauchten Mädchen existierende Geheimnisdruck, blockieren den Aufbau von Selbstvertrauen und Stärke, die zum Erlernen effektiver Selbstschutzmaßnahmen unabdingbar sind. Es ist schon eine ganz besondere Art der Perversion, Mädchen Ratschläge zu ihrem 'eigenen Schutz' zu geben, die die Überzeugung entstehen lassen, daß sie nur in Begleitung eines Jungen oder Mannes sicher sind! So sagt Tampe auch: »*Ratschläge, die die (Bewegungs-) Freiheit von Frauen beeinträchtigen, sind unzulässig!*«.[9] Das Gleiche gilt auch für Mädchen!

Dem Bild vom hilflosen aber schuldigen Opfer und vom übermächtigen Fremdtäter entgegenzutreten, beinhaltet nicht ausschließlich die Aufdeckung und Entzerrung realer Gewaltstrukturen. Es muß auch der Frage nachgegangen werden, was denn passiert, wenn Mädchen und Frauen sich wirklich wehren. Dies hat Susanne Paul mittels einer Studie bei der Kriminalpolizei in Hannover gemacht. Sie untersuchte alle in den Jahren 1991/92 dort angezeigten Fälle von sexueller Nötigung und Vergewaltigung und kam zu Ergebnissen, die Tampe wie folgt zusammenfaßt:

» - *Von allen untersuchten Delikten (286) wurden beinahe zwei Drittel nicht vollendet. Das bedeutet, daß die Tat bei Vergewaltigungen vor der Penetration, bei sexuellen Nötigungen vor oder während der sexuellen Handlung abgebrochen wurde.*

- *Während in jedem 6. Fall, bei dem die Frau keine Gegenwehr leistete, der Angreifer die Tat von sich aus nicht beendete, führte die - wenn auch nur leichte - Gegenwehr in immerhin knapp drei Viertel aller Fälle zu einem Abbruch der Tat.*

- *Fast die Hälfte aller untersuchten Taten fanden in Wohnbereichen, mehr als ein Drittel direkt in einer Wohnung statt. Bei letzteren kannten sich in 90 Prozent der Fälle Opfer und Täter gut.*

- *Bei dieser Konstellation wurde nur jede 8.Tat, bei der die Frau sich nicht wehrte, vom Täter abgebrochen. In über der Hälfte der Taten, bei denen sich die Frau zur Wehr setzte, führte dies zur Beendigung der weiteren Tatausführung. In einem Fall führte die massive Gegenwehr der Frau zu einer Eskalation der Tätergewalt. In diesem Fall bestand zudem zwischen dem Täter und der Frau eine enge Vorbeziehung.*

[...] In 80 Prozent aller Fälle mit Abwehrmaßnahmen der Frau waren diese erfolgreich.

[...] In allen Fällen, in denen die Frau keine Gegenwehr leistete, konnte der Täter die Tat vollenden. In fast 90 Prozent der Fälle, bei denen die Frauen sich wehrten, führte diese Gegenwehr zum Erfolg. Bei massiver Gegenwehr kam keine dieser Taten zur Vollendung!«[10]

Das Fazit dieser Studie lautet: »*Wehre dich, und du kommst besser weg*«.[11]

Eine vergleichbare Studie zum Gegenwehrverhalten von Mädchen ist mir nicht bekannt. Es liegen jedoch weitere Untersuchungen vor, die sowohl Frauen als auch Mädchen berücksichtigen. So kam Pauline Bart von der Universität Illinois 1980 zu dem Ergebnis, daß Mädchen und Frauen, die sich wehrten, haüfiger entkamen. Frank Javorek stellte fest, daß 85 Prozent der von ihm im Krankenhaus Denver behandelten Mädchen und Frauen die Tat beendeten, indem sie schrien oder weiteren Widerstand leisteten.[12] All diese Untersuchungen vermitteln jedoch keinen Eindruck des ganz alltäglichen Widerstandspotentiales von Mädchen und Frauen. Über welche Kreativität und Stärke Mädchen und Frauen verfügen, wird in vorliegenden Erlebnisberichten deutlich, beispielsweise in dem Buch *Schlagfertige Frauen* von Denise Caignon und Gail Groves (1990). Hier wiederum fehlen die Relationen zwischen der Anzahl ausgeführter Gewalttaten und durchgeführtem Widerstand. Aus den Berichten von Mädchen in den Selbstbehauptungs- und Selbstverteidigungskursen lassen sich ebenfalls keine statistischen Ergebnisse ableiten, wohl aber die Einschätzung, daß eine aktive, situationsangemessene Gegenwehr zu ähnlichen Erfolgen führt, wie Paul dies in ihrer Untersuchung nachweist. Darauf werde ich im Kapitel der Auswertung von den genannten Kursen detaillierter eingehen.

An dieser Stelle möchte ich noch abschließend eine Anmerkung hinzufügen: Das Wissen darum, daß Mädchen und Frauen lernen können, sich zu wehren, darf nicht erneut dazu führen, die Schuldfrage zu ihren Lasten zu stellen. Wenn ein Mädchen oder eine Frau sich nicht wehrt, so liegen dem Ursachen zugrunde, die in der jeweiligen Persönlichkeit und den gesellschaftlichen Verhältnissen zu suchen sind. Der Vorwurf, sie hätte sich ja wehren können, schützt wiederum den Täter, und hilft dem Opfer in keinster Weise. *Die Verantwortung und Schuld für eine Gewalttat liegt immer beim Täter – dem Opfer gilt es Hilfe und Unterstützung zu geben, Erlebtes zu verarbeiten und Selbstvertrauen aufzubauen!*

Bevor ich nun auf die Inhalte der Selbstverteidigungskurse zu sprechen komme, werde ich im folgenden auf die Prinzipien und Rahmenbedingungen eingehen.

Selbstbehauptung und Selbstverteidigung als parteiliche Mädchenarbeit

Die Arbeit mit Mädchen in Selbstbehauptungs- und Selbstverteidigungskursen orientiert sich an den *»unverzichtbare(n) Prinzipien der feministischen und parteilichen Mädchenarbeit [...]*:
- Neu- und Aufbewertung weiblicher Eigenschaften und Kompetenzen;
- Parteilichkeit der Pädagoginnen;
- *Arbeit in geschlechtshomogenen Gruppen und eigenen Räumen.*«[13]

Die Aufwertung weiblicher Kompetenzen findet zunächst in dem Lernprozeß der Mädchen statt, daß Stärke nicht gleichzusetzen ist mit Größe und über Muskeln definierte Kraft. Sich selbst verteidigen zu können, heißt nicht die Übernahme männlich aggressiven Verhaltens anzustreben, sondern situations- und altersgerechte Abwehrstrategien zu entwickeln. Diese können Mädchen auf der Basis ihrer vorhandenen Fähigkeiten und Widerstandspotentiale befähigen, sich in Situationen der Anmache, Belästigung und sexueller Angriffe zur Wehr zu setzen. Fähigkeiten der Aufmerksamkeit für und Wahrnehmung der unmittelbaren Umgebung sind wesentlich, um bedrohliche Situationen frühzeitig zu erkennen und angemessen auf sie reagieren zu können. Mädchen lernen, daß sie nicht *Power Rangers* spielen und nacheifern müssen, wie es so viele Jungen in ihrem Umfeld tun, sondern, daß sie in ihrer Identität als Mädchen das Recht und die Stärke haben, selbstbewußt und selbstbestimmt für sich eintreten zu können. Ihr Wille nach der Veränderung von Umgangsmustern wird nicht länger mit Hinweisen wie *»der meint das ja nicht so«*, *»das ist ja nur als Nettigkeit gedacht«* und *»Jungen sind eben so,* *da kann man nichts machen*« ignoriert, sondern respektiert und konstruktiv gefördert. Auch macht die Übungsleiterin den Mädchen deutlich, daß es nicht 'die perfekte Selbstverteidigung' gibt, welche sie wie Rechenaufgaben und Vokabeln lernen können oder müssen. Vielmehr wird betont, daß die Kursinhalte ein Angebot sind, aus dem sie letztendlich selbstbestimmt auswählen, welches die für sie geeigneten Selbstschutzstrategien sind.

Selbstverteidigungskurse, die ausschließlich auf der Vermittlung von Schlag-, Tritt- und Befreiungstechniken basieren, greifen zu kurz. Sie erfassen nicht die Komponenten der Angst und die Ursachen für die Unterlegenheitsgefühle von Mädchen, die wesentlich zur Erstarrung in Gefahrensituationen beitragen. Techniken sind wichtig und richtig als letztes und extremstes Mittel der Gegenwehr, und sie sind auch nicht schwer zu erlernen. Sie können jedoch nur dann eingesetzt werden, wenn ein Mädchen gelernt hat, die eigenen Gefühle und Bedürfnisse ernst zu nehmen und daraus die Bereitschaft entwickelt, ihre eigenen Grenzen zu verteidigen. Kurse, die diesen Bezug nicht herstellen, reihen sich zudem in die Struktur von Verhaltensvorschriften ein - »*das und das* mußt *du tun und können, dann bist du sicher*« - und lassen keinen Raum für die Selbstbestimmung geeigneter Abwehrmaßnahmen. Sie tragen weiterhin nicht konstruktiv zu einer Veränderung des vorherrschenden Täterbildes bei, das den Nahbereich der Mädchen weitestgehend unberücksichtigt läßt. Wird kein Zusammenhang zwischen dem Lebensalltag von Mädchen und ihren eigenen Widerstandspotentialen hergestellt, können Selbstverteidigungskurse tatsächlich unter Umständen fatale Folgen nach sich ziehen: Es mag sein, daß Mädchen völlig unangemessen reagieren, da ihnen andere Mittel nicht bewußt sind. Die Gefahr, daß es zu einer Umkehrung in der Einschätzung eigener Kraft und Stärke kommt, d.h. zu einer Überschätzung, ist dann relativ groß. Daraufhin - in einer realen Situation - möglicherweise erneut die Erfahrung von Hilflosigkeit zu machen, hat für das emotionale Erleben und Selbstvertrauen weitreichende, negative Konsequenzen.[14]

Selbstverteidigungskurse, die sich vornehmlich an Kampfsportarten orientieren, grenzen zudem von vornherein Mädchen aus,
die sich aufgrund negativer Erfahrungen im Vereins- und Schul-
sport beziehungsweise einer defizitären Sichtweise ihres Körpers
selbst als unsportlich empfinden.

All dies erfordert die Parteilichkeit und fachliche Kompetenz der
Übungsleiterinnen. Sie müssen verfügen über
– ein umfangreiches Wissen zur Sozialisation, dem Lebensalltag
und der Gewalt gegen Mädchen,
– methodisch-didaktische Kenntnisse und
– das Geübtsein in einer Kampfkunst.

Diese Qualifikation und ihre eigene Motivation zur Durchführung der Kurse vermittelt sie den Mädchen in verständlicher
Form.

Indem die Trainerin die Mädchen nach ihrer Motivation befragt
und darauf eingeht, macht sie deutlich, daß sie ihre Situation
ernst nimmt und maßgeblich miteinbezieht in den weiteren Kursverlauf. Insbesondere in den Rollenspielen werden die Teilnehmerinnen mit ihren realen Erlebnissen und den damit verbundenen
Gefühlen zum Mittelpunkt des Geschehens. *»Wichtig an Selbst-
behauptungskonzepten ist es, daß sie die Bedürfnisse und Wünsche der Mädchen nach Anerkennung und Aufmerksamkeit von
Jungen und die Bestätigung ihrer sexuellen Attraktivität respektieren bzw. miteinbeziehen. [...] Deshalb sollten die Mädchen unterstützt werden, für sich selbst herauszufinden, welche Form der
Beziehung sie sich zu den Jungen wünschen und wie ihrer Meinung nach Interesse und Zuneigung ausgedrückt werden sollte«.*[15]
Grenzen entdecken und ernst nehmen zwischen dem, was Spiel
ist und angenehme Gefühle auslöst und dem, was ein Mädchen
diskriminiert, in ihren persönlichen Grenzen verletzt und bedroht,
ist ein wesentliches Anliegen der Selbstbehauptung. In diesem
Prozeß muß die Kursleiterin immer wieder neu überprüfen, inwieweit ihre Erfahrungen und Vorstellungen mit denen der Teilnehmerinnen korrespondieren, und wo sie sich unterscheiden. In

diesem Zusammenhang erscheint es notwendig, daß sie eigene Gewalterfahrungen weitestgehend aufgearbeitet hat.[16] Auch ist sie maßgeblich verantwortlich für die Schaffung von Voraussetzungen, die ein Klima von Vertrauen ermöglichen und Konkurrenz unter den Mädchen weitestgehend reduzieren oder verhindern. Parteilichkeit mit Mädchen beinhaltet auch die kritische Auseinandersetzung mit direkten Bezugspersonen wie Eltern und LehrerInnen über ihre Anteile an der Diskriminierung und Schwächung von Mädchen, sowie die öffentliche Diskussion um Notwendigkeit und Ziele der Selbstbehauptungs- und Selbstverteidigungskurse.

Wesentliche Aspekte bilden darin die Fragen nach Inhalten, Geschlechtshomogenität der Gruppe und zur Verfügung stehende Räume. Es gilt zu verdeutlichen, daß die Geschlechtshomogenität hinsichtlich Übungsleiterin und Teilnehmerinnen absoluter Berücksichtigung bedarf! Nur eine Trainer*in* kann authentisch vermitteln, daß weibliche Fähigkeiten und Eigenschaften, Mädchen- und Frau-Sein keinen Widerspruch bilden zu selbstbewußter Stärke und situationsangemessener Wut. Sie kann Mädchen in ihrer Angst und Unsicherheit, ihren Bedürfnissen und Widersprüchen annehmen, da sie aus eigener Erfahrung die Angst vor einem – potentiellen – Täter, vor Grenzverletzungen sowie sexistische bzw. sexuelle Gewalt kennt. *»Sie ist somit eine positive Identifikationsfigur, der Mann spiegelt hingegen das 'andere' wider, eine Identifikation ist unmöglich. Bei den Selbstverteidigungstechniken werden Männer eher als Gegner wahrgenommen und doch wieder als der 'Stärkere' empfunden.«*[17] Ein Mann, der vorgibt sich so in die Gefühlsrealität von Mädchen hineinversetzen zu können, daß er ihr identisch vermitteln kann, wie sie ihre Angst vor einem Täter in Wut und effektive Gegenwehr verwandeln kann, ist in dieser Hinsicht nicht glaubwürdig. Nicht zuletzt muß auch beachtet werden, daß das Training unter Leitung eines Mannes oder gar in einer gemischtgeschlechtlichen Gruppe, sich an den männlichen Werten und Umgangsmustern orientiert. Dies widerspricht nicht nur dem Prinzip der Parteilichkeit, sondern erfordert bereits die Fähigkeit zur Selbstbehauptung. Hierbei handelt es sich um eine Erfahrung, auf die Mädchen und Frauen hinsichtlich ihrer Teilnahme an gemischten (Kampfsport-) Gruppen immer wieder hinweisen. Das Argument, nur im Training mit einem Jungen oder Mann könnten Mädchen die Effektivität erlernter Techniken überprüfen, ist insofern nicht stimmig, als in diesem Rahmen ein Durchziehen von Schlägen und Tritten unzulässig ist. Geschlechtsspezifische Interaktionsmuster von Dominanz und Nachgeben sind vorhanden, werden aber nicht analysiert und verändert.

Die Auseinandersetzung mit realen Gewaltsituationen und das Ausprobieren ungewohnter, seitens der Erwachsenen und Jungen auch zum Teil unerwünschter Verhaltensweisen, machen einen störungsfreien Raum erforderlich. Die Durchsetzung eines solchen Raumes vermittelt den Mädchen von vornherein, daß ihnen die ungeteilte Aufmerksamkeit der Übungsleiterin gilt. Er fördert und stärkt die Teilnehmerinnen in ungehemmten Bewegungen und im Abbau von Schamgrenzen untereinander.

Es kann auch kein Anliegen der Selbstverteidigung und Selbstbehauptung sein, das Entwickeln eigener Widerstandsstrategien unter männliche Beobachtung und letztendlich auch Bewertung zu stellen.

Die reine Mädchengruppe ist für viele zunächst ungewohnt, wird jedoch schnell zunehmend wichtig. Ein großer Teil der Mädchen macht zum ersten Mal die Erfahrung, daß ihre Bedürfnisse und Umgangsformen Zentrum der Aufmerksamkeit sind. Eine solche Gruppe ist natürlich nicht konfliktfrei. In der Auseinandersetzung mit Gewalt-Erfahrungen und ihren Gefühlen der Angst, Unsicherheit und Wut entwickelt sich aber eine steigende Solidarität unter- und miteinander.

Geschlechtshomogen und störungsfrei beinhaltet gleichermaßen, daß niemand, also auch beispielsweise Eltern, LehrerInnen, oder FreizeitpädagogInnen, das Recht hat, 'einfach mal hereinzugucken'. Insbesondere zu Beginn neuer Kurse gilt es, dieses Recht auf den eigenen Raum deutlich zu machen. Provokationen seitens einiger Jungen, beispielsweise in Form von Tür aufreißen und hineinrufen, gibt es vor allem in der Anfangsphase. Ich selbst habe die Erfahrung gemacht, daß Mädchen bereits nach der zweiten Stunde entsprechende Situationen zum Anlaß nehmen, ihr eigenes, entschiedenes NEIN durchzusetzen. So verkehrt sich die zunächst unerwünschte Störung in ein erstes Erfolgserlebnis.

Wie Teilnehmerinnen selbst einen mädcheneigenen Raum empfinden, belegen beispielhaft die folgenden Aussagen:

»Ich find's schon besser nur mit Mädchen, weil, wenn Jungen dabei wären, könnte man nicht so über Sachen reden, wo die nicht unbedingt zuhören müssen. Dann könnten wir nicht so über Gefühle reden. Dann würden die wieder die Tollen in der Gruppe sein wollen, und dann kriegt man auch irgendwie das Selbstbewußtsein nicht. [...] Wenn wir darüber reden, was die Jungs gemacht haben, dann würden sie vielleicht was ganz Anderes darüber sagen und das umdrehen.«[18]

Der eigene Raum bietet den Mädchen noch unter einem anderen Aspekt Schutz: Ihnen ist garantiert, daß grundsätzlich nicht weitergegeben wird, was sie von sich erzählen. Dies beinhaltet auch die Forderung an sie selbst, die Grenzen der Einzelnen zu respektieren und zu wahren. Vertrauen ist keine einseitige Angelegenheit der Trainerin.

Trotz dieser Garantie auf Vertraulichkeit bedarf es einer öffentlichen Darstellung von Selbstbehauptungs- und Selbstverteidigungskursen, um diese überhaupt bekannt zu machen. Daher erscheint es mir an dieser Stelle sinnvoll, einen kurzen Exkurs zum Verhältnis des Wen-Do-Prinzips der Geheimhaltung und der Veröffentlichung von Kursinhalten zu machen. Dabei handelt es sich für die Kursleiterinnen um eine *»Gratwanderung zwischen Informationsweitergabe und Vertraulichkeit«*[19].

»Gratwanderung zwischen Informationsweitergabe und Vertraulichkeit«

Wie oben dargestellt, haben die Mädchen die Möglichkeit anhand ihrer eigenen Alltagserfahrungen, Widerstandstrategien für eine Vielzahl unterschiedlicher Situationen zu lernen. Dazu ist eine vertrauensvolle, Anonymität gewährleistende Atmosphäre grundlegend erforderlich. Gleichzeitig ist es aus verschiedenen Gründen notwendig, eine öffentliche und zielgruppenorientierte (Eltern, LehrerInnen ...) Diskussion zu führen. Eine solche Auseinandersetzung fügt sich ein in den Rahmen der:

- Enttabuisierung um das Ausmaß sexueller/sexistischer Gewalt auf verschiedenen Ebenen;
- Sensibilisierung für die Belange der Mädchen in ihrem Lebensalltag;
- unterschiedlichen Maßnahmen, unabhängig von Herkunft, Hautfarbe und Religionszugehörigkeit, gesellschaftsverändernd auf die geschlechtshierarchischen Strukturen einzuwirken.[20]

Öffentlichkeitsarbeit, und somit auch Berichte über Kursinhalte, ist unbedingt erforderlich, um die parteiliche Selbstbehauptung und Selbstverteidigung für Mädchen zunehmend zu verankern, ihre Finanzierung abzusichern, zu einer überregionalen Kooperation zu gelangen, und um sie von anderen Formen der Selbstverteidigung positiv abzugrenzen. Um die Kurse bekannt zu machen, so daß mehr Mädchen von dieser Möglichkeit erfahren und sie nutzen können, ist eine Berichterstattung in den aktuellen lokalen Medien sehr wichtig.

In Hinsicht auf die Zusammenarbeit mit öffentlichen Medien sollten meines Erachtens folgende Überlegungen berücksichtigt werden:

- Die Veröffentlichung von Kursinhalten *muß* mit den Mädchen abgesprochen sein.
- Mädchen entscheiden selbst darüber, ob Presse, Radio oder gar Fernsehen erscheinen. Existiert bei dieser Frage keine Einigkeit,

ist es Aufgabe der Kursleiterin, einen für alle zufriedenstellenden Kompromiß zu finden, z.B. daß nur ein Teil der Mädchen sich an einem solchen Termin beteiligt.

- Presse und Rundfunk sollen möglichst durch eine Frau vertreten sein.

- Der direkte Kontakt mit Presse und Rundfunk findet in einem von der Gruppe bestimmten Zeitrahmen und Ort statt. Die Mädchen bestimmen selbst, was sie von sich erzählen. Die Kursleiterin gibt einen allgemeinen Überblick über Inhalte und Zielsetzungen der Gruppe.[21]

In einer daraus resultierenden Berichterstattung werden Kursinhalte zwar thematisiert, aber – allein aus Platzmangel – als Überblick und auf eine eher oberflächliche Art und Weise.

Der überregionalen Kooperation und dem Austausch mit anderen Trainerinnen dienen umfangreichere Veröffentlichungen, wie Spielesammlungen oder Dokumentationen. Gerade in Bezug auf die Art der Informationsweitergabe gehen die Ansichten der Trainerinnen nach wie vor bei der Frage auseinander, was wird wie, wo und warum öffentlich gemacht. Im *Wen-Do* wurde und wird betont, daß die Inhalte einer Gruppe nicht weitergetragen werden, damit sie Jungen und Männern nicht zugänglich sind. Dieser Gedanke ist auf jeden Fall zu respektieren. Um dem heutigen Stand der Entwicklung von Mädchengruppen gerecht zu werden, erscheint es mir jedoch sinnvoll, die folgenden Gedanken konstruktiv mit in die Debatte einzubeziehen:

Das Ausmaß der pädagogischen Arbeit, die in den Mädchengruppen unter dem hier behandelten Thema stattfindet, spiegelt sich auch in der Auswahl von Übungen und Spielen wieder. Jede Kursleiterin profitiert von der Veröffentlichung pädagogisch sinnvoller Spiele, insbesondere in deren Orientierung auf Wahrnehmung, Körpersprache und Interaktionen. Der weitaus größte Anteil ist nicht mehr zurückzuführen auf ein ursprüngliches Konzept von Frauen für Frauen, sondern wird überall dort weitergegeben, wo pädagogische Aus- und Fortbildung stattfindet beziehungsweise durch Printmedien zugänglich gemacht wird. Dies ist auch durchaus zu begrüßen, da hierdurch die Spiele in einem weiten Feld pädagogischer Arbeit mit Kinder und Jugendliche genutzt werden, sei es im Freizeit-, Schul- oder Sportbereich.

Darüber hinaus unterscheiden sich mehr oder weniger die Selbstverteidigungstechniken, die jede Trainerin weitergibt, entsprechend der Kampfsportart, mit welcher sie vertraut ist. Für beide Bereiche gilt jedoch, daß Übungsleiterinnen sich sowohl über eine *sinnvolle* Zusammenstellung verständigen, als auch eigene Erfahrungen mit der Wirkung von Spielen, Übungen und Techniken haben. Auch sollte eine genaue Überprüfung stattfinden, welche Inhalte sowieso schon frei zugänglich sind, und wenn ja, in welchem Rahmen. Meines Erachtens muß aber vor allem deutlich gemacht werden, daß eine sinnvolle Konzepterstellung und die Anwendung unter mädchenparteilichen Prinzipien *nur* durch Frauen mit entsprechender Qualifikation erfolgen kann.

Aus einem etwas anderen Blickwinkel heraus ist das Bekanntwerden von Kursinhalten im halb-öffentlichen beziehungsweise privaten Raum zu betrachten. Mädchen bis zu einem Alter von ca. 12-13 Jahren verfügen über ein enormes Mitteilungsbedürfnis. Von ihnen zu verlangen, daß sie außerhalb der Gruppe keine Übung weitergeben dürfen, stellt eine Überforderung dar. Es kann ihnen jedoch sehr wohl deutlich gemacht werden, daß ein ausführliches Erzählen möglicherweise und besonders von den Jungen auch gegen sie genutzt werden kann, indem es beispielsweise abgewertet und lächerlich gemacht wird. Die eigenen Erfahrungen der Mädchen, der Stolz auf sich selbst und ihren Raum und ihr Erleben, etwas besonderes zu sein, sind Anlässe genug, daß sie sich selbst sehr bewußt entscheiden, wann sie wem, was erzählen. So betonen zwei Mädchen auch: »*Die Jungen kennen unsere Tricks nicht und können sich schlechter wehren*« und: »*Und besonders gut finde ich das die Jungen unsere Tricks nicht kennen*«. Das Vertrauen in die Entscheidungsfähigkeit der Mädchen stellt zudem ein wesentliches Kriterium für die Parteilichkeit der Trainerin dar.

Nicht zuletzt brauchen auch Trainerinnen einen Rahmen, in dem sie ihre Arbeit reflektieren und Erfahrungen mit den Mädchen verarbeiten können. Die permanente Konfrontation mit der alltäglichen, realen Gewalt macht eine ständige Überprüfung der eigenen, emotionalen Grenzen unabdingbar. Hierbei gilt es zu beachten:

- Trainerinnen machen den Mädchen transparent, daß auch sie selbst ihre Erlebnisse und Erfahrungen aufarbeiten müssen, und zwecks weitergehender Veränderungen beispielsweise an der Schule Gespräche mit LehrerInnen notwendig sind. Die Übungsleiterinnen stellen ihnen dar, in welcher Form und mit wem dies passiert. Darüberhinaus garantieren sie die Anonymität der Mädchen und räumen diesen ein Mitspracherecht ein.
- Transparenz und Anonymität gelten auch für das Erstellen von Projektberichten, die im Falle einer finanzieller Förderung erforderlich sind oder zur Gewinnung einer breiteren Lobby beitragen.

Veröffentlichungen aller Art sind *ein* Weg, Vereine, Trainerinnen und deren Angebote in einem regionalen wie überregionalem Rahmen bekannt zu machen. Ebenso können sie eine Kooperation ermöglichen und unterstützen.

An dieser Stelle kann bestimmt nicht die perfekte Lösung des Konfliktes aufgezeichnet werden. Doch die vielfältigen Aspekte dieser umstrittenen Frage hängen eng mit der Frage des parteilichen, politischen Handelns und der - erfolgreichen - Präventionsarbeit zusammen. Denn das häufigste Argument gegen Öffentlichkeitsarbeit ist: Wenn Strategien beziehungsweise Techniken der Gegenwehr bekannt sind, können Täter sich darauf einstellen. Zu den schon genannten Argumenten kommt jedoch hinzu, daß Selbstbehauptungs- und Selbstverteidigungskurse das Ziel verfolgen, Mädchen zu befähigen, gefahrenträchtige Situationen frühzeitig zu erkennen und zu beenden. Selbstverteidigungstechniken, auf die sich ein Täter einstellen könnte, sind also immer allerletztes Mittel. Erfolgreiche Prävention bedeutet Aufbau von Selbstbewußtsein und steht damit im Gegensatz zu herkömmlichen Mahnungen zur Vorsicht, wie im folgenden dargestellt wird.

Selbstbehauptung/Selbstverteidigung als Präventionsarbeit

Die hier behandelten Konzepte der Selbstbehauptung und Selbstverteidigung weichen von der traditionellen Präventionsarbeit ab, die sich in der Hauptsache in Form von Warnungen, Verboten und Abschreckung ausdrückt. Allgemein ist dieses Vorgehen ursächlich auf die gültige Geschlechterhierarchie und Tabuisierung von sexueller Gewalt im persönlichen Nahbereich zurückzuführen. Sie findet ihre Ergänzung in der eigenen Hilflosigkeit insbesondere weiblicher Bezugspersonen, als da sind Mutter, Schwester, Oma, Tante, Erzieherinnen und Lehrerinnen.

In Relation zur Anwendung bewegungs- und bedürfniseinschränkender Maßnahmen erhöht sich die Abhängigkeit der Mädchen von scheinbar stärkeren Jungen, Männern und erwachsenen Frauen. Letztere bieten in Situationen der Gewalt angesichts eigener Angst und Unsicherheit nur allzuoft unzureichende Hilfe. Die unverhältnismäßig große Warnung vor dem *fremden Mann* - womöglich noch Ausländer - verzerrt das reale Täterbild und ignoriert die weitaus häufigere Gewaltausübung durch den bekannten Täter. Wer fordert ein Mädchen schon auf, den häuslichen Bereich zu meiden, wenn ihr Vater, der Täter dort anwesend ist?! In Ergänzung zur mädchenspezifischen Sozialisation, auf die ich bereits in vorhergehenden Kapiteln eingegangen bin, bietet die herkömmliche Prävention keine Möglichkeiten, geeignete Handlungskompetenzen zum Selbstschutz aufzubauen. Folglich trägt sie zur Steigerung der Hilflosigkeit, Ohnmacht und dem Ausgeliefertsein wesentlich bei. Die Vorstellung, daß Mädchen durch Beschneidungen ihrer Bewegungsräume und einer möglichst unauffälligen Gesamterscheinung - im Gegensatz zu den

Attraktivitätsnormen – sicherer seien, ist und bleibt eine Illusion. Dies wird auch durch entsprechende Kriminalitätsstatistiken bewiesen.

Die Selbstbehauptung und Selbstverteidigung bedient sich der neueren Ansätze von Präventionsarbeit, die auf eine Stärkung des Selbstbewußtseins abzielt. Wie ich bereits unter dem Punkt der parteilichen Mädchenarbeit dargestellt habe, wird ihr vorhandenes Widerstandspotential zum Ausgangspunkt genommen, ihre Bereitschaft zur Gegenwehr zu stabilisieren. *Selbstverteidigung beginnt im Kopf*[22]: an diesem Buchtitel wird deutlich, daß die Vorstellung von einem eigenen Wollen und Können des aktiven Widerstandes Basis erfolgreicher Gegenwehr ist.

Prävention, wie ich sie hier verstehe, *kann* gegebenenfalls auch die Vermeidung von Situationen sinnvoll erscheinen lassen. Kein Mädchen legt es tatsächlich darauf an, in eine Schlägerei verwikkelt zu sein. Im Gegenteil: vielen macht die Vorstellung der aggressiven, körperlichen Auseinandersetzung Angst. Selbstverteidigung bedeutet entgegen landläufiger Klischees auch nicht, zum schlagenden 'Mannweib' zu werden. Sie betont vielmehr das frühzeitige Erkennen und Ernstnehmen von Belästigungs- und Gefahrensituationen, um diese dann rechtzeitig und konsequent zu beenden. Unter Beachtung dieses Grundsatzes und unter Berücksichtigung der vielfältigen Möglichkeiten einer erfolgreichen, situations- und altersangemessenen Abwehr, werden Mädchen aufgeklärt über die Wirkung ihrer Stimme, Körpersprache und den effektiven Einsatz ihrer Körperstärke. In den Kursen haben sie die Möglichkeit, diese Mittel in vielfältiger Form auszuprobieren. Hilfe holen und Hilfe geben sind weitere wichtige Themen, die es ihnen erlauben, aus der erlebten Isolation herauszukommen, und solidarisches Handeln zu entwickeln.

Prävention bedeutet letztendlich auch, dem Bedürfnis der Mädchen gerecht zuwerden, sich angstfrei(er) und sicher(er) neue Bewegungsräume zu erschließen, ohne auf den Tag X zu warten, an dem auch Jungen und Männer gelernt haben, daß

Anmache und Gewalt keine Mittel sind, positive Beziehungen aufzubauen.

Aspekte der Durchführung

Über die Prinzipien mädchenparteilicher Arbeit hinaus gilt es, die nun folgenden Aspekte für die Arbeit zu berücksichtigen. Sie beziehen sich sowohl auf eine sinnvolle Gruppeneinteilung als auch auf die Vor- und Nachteile der verschiedenen Zeitplanungen.

Zielgruppenorientierung

Wie ich bereits dargestellt habe, finden die alltäglichen Erlebnisse von Grenzverletzungen und Gewalt wesentliche Berücksichtigung in den Kursen. Unterschiede im Umgang mit diesen Erfahrungen, der Wertung und auch der Art, wie sie in die Stunden eingebracht werden, sind nicht zuletzt auf das Alter und dem damit verbundenen Entwicklungsstand zurückzuführen. Um den Mädchen ein ganzheitliches Gefühl des eigenen Raumes zu vermitteln, ist es notwendig, den altersgemäßen Bedürfnissen gerecht zu werden. Eine Einteilung in Altersgruppen von etwa 6 bis 8, 8 bis 10, 11 bis 13 und 14 bis 17 (oder 18) Jahren ist erstrebenswert. Nicht zuletzt stellen Abgrenzung und Konkurrenz unter den einzelnen *peer-groups* Störfaktoren in der Gruppe dar, die eine vertrauensvolle Atmosphäre wesentlich behindern können. Unterschiede in den verschiedenen Altersgruppen finden sich vor allem:
- im Spielverhalten;
- in der Konzentrationsfähigkeit;
- in den verbalen Ausdrucksformen und -möglichkeiten;
- in den physischen und emotionalen Entwicklungsschritten;
- in der zugewiesenen und eingenommenen Position als 'Kleine' und 'Große' (in der Schule);
- im wachsenden, altersbedingten Bewegungs- und Erfahrungsraum;

- in den Beziehungsmustern zwischen Mädchen und Jungen und der Art des gewünschten Kontaktes;
- in dem Internalisierungsgrad von Anpassungs- und Vermeidungsstrategien.[23]

Die ab einem Alter von etwa zwölf bis dreizehn Jahren anwachsenden Hemmungen, sich auf Neues und Ungewohntes einzulassen, und sich selbst – in Rollenspielen – in den Mittelpunkt zu stellen, stehen meines Erachtens nach in enger Verbindung mit der steigenden Anpassung an erwünschte Verhaltensweisen. So haben Übungsleiterinnen mit Mädchen im Grundschulalter die Erfahrung gemacht, daß »... *gerade junge Mädchen noch über viel Widerstandskraft verfügen. Mit zunehmendem Alter geht einiges dieser Kraft und Lebendigkeit verloren«*[24].

Während das ›spielerische Verliebtsein‹ in den Kursen der sechs- bis zehnjährigen zunächst so gut wie gar keinen Raum einnimmt, erhalten bei den Älteren die Themen eigene Körperlichkeit, Sexualitätsbedürfnisse, Beziehungsvorstellungen und Kontrolle durch die Eltern einen wesentlich höheren Stellenwert.

Nach Durchsicht der mir vorliegenden Konzepte möchte ich an dieser Stelle folgendes kritisch anmerken: Obwohl die Durchführung der Kurse sich im wesentlichen an den Prinzipien der parteilichen und feministischen Mädchenarbeit orientiert, sind in Bezug auf die vorhergehend benannten Themen keine konstruktiven Ansätze zu erkennen, die die lesbische Realität von Mädchen miteinbeziehen. Damit meine ich sowohl und explizit ihre eigenen Wünsche, als auch den Alltag mit einer lesbischen Mutter, Schwester beziehungsweise Freundin, oder einem schwulen Vater oder Bruder.

Vor dem Hintergrund alters- und entwicklungsspezifischer Unterschiede ergeben sich für die Übungsleiterinnen Konsequenzen:
- in der Gestaltung des Stundenablaufes, beispielsweise längere Phasen von Bewegungsspielen bei den Jüngsten;
- in der Gewichtung verschiedener Themen;
- in der Art der Ansprache;
- in der Auswahl von Übungen und Spielen.[25]

Eine Einteilung in die genannten Altersgruppen ist an den jeweiligen Eckdaten fließend. Übergreifende Freundschaften und Unterschiede im Entwicklungsstand bedürfen der Berücksichtigung. Sie setzt aber auch voraus, daß ein umfassendes Angebot vor Ort realisierbar ist. Die Zielgruppenorientierung ist zwar notwendig, aber abhängig von ausreichend zur Verfügung stehenden, qualifizierten Frauen, sowie der Akzeptanz und letztendlich auch der Finanzierung entsprechender Gruppen.

Je nach Rahmenbedingungen lassen sich auch Gruppen von 6 bis 10jährigen und 8 bis 12jährigen Mädchen bilden. Unter Rahmenbedingungen sind die Faktoren Zeit, Ort und Gruppenbetreuung zu verstehen, auf die ich im folgenden eingehen möchte.

Orte der Durchführung

Um es gleich vorweg zu nehmen: am schwierigsten gestaltet es sich, Mädchen über einen Verein zu mobilisieren, und dies aus unterschiedlichen Gründen. Da sind zunächst vorhandene Erfahrungen in - gemischtgeschlechtlichen - Sportvereinen, die Mädchen davon abhalten, sich erneut darauf einzulassen.[26] Ein langer Schultag, der sich zum Beispiel aus der Zunahme von Ganztagsschulen ergibt, eventuell lange Anfahrtswege, ungünstige Verkehrsverbindungen und eine weitgehende Freizeitverplanung sind wesentliche Faktoren, die den Verein für viele nicht oder nur schwer erreichbar machen. Die Altersgruppe der 6 bis 10jährigen bildet insofern eine Ausnahme, als sie in aller Regel durch die Aufmerksamkeit der Eltern - insbesondere der Mütter - den Weg in die Kurse finden. Zu diesem Zeitpunkt ist es noch für beide Seiten akzeptabel und etwas alltägliches, daß die Eltern ihre Töchter bringen und abholen.

Um Mädchen aller Altersgruppen zu erreichen, ist es sinnvoll, sie in ihren alltäglichen Lebensräumen aufzusuchen. In dieser Hinsicht möchte ich die Orte Schule und Jugendfreizeitheime genauer darstellen, ohne sie dabei in Konkurrenz zueinander zu setzen.

Schule

Es gibt einige grundlegende Argumente, die für die Durchführung von Selbstbehauptungs-/Selbstverteidigungskursen an der Schule sprechen. Diese ist ein unausweichlicher Ort, der für alle Mädchen einen bestimmenden Teil ihres Alltages bildet, auch in Hinsicht auf die Herausbildung von Freundschaften, Interaktionsmustern und (sexuellen) Gewalterfahrungen. Im Rahmen einer Befragung von 32 Mädchen durch das Frauenbüro Göttingen im Jahr 1990, gaben 2/3 der 9 bis 12jährigen die Schule, den Schulweg, Bus und Straße als Orte an, wo vorrangig Bedrohungen und Belästigungen stattfanden. *»Bei den 13-16jährigen wurden Schule und Schulweg etwas weniger, dafür Straße und Bus häufiger genannt. [...] Etwa 2/3 der Befragten gaben Mitschüler und ältere Jungen an, von denen Belästigungen und Bedrohungen ausgehen. Ein Viertel der jüngeren und etwa die Hälfte der älteren Mädchen vermuten auch Familienmitglieder und Verwandte als Verursacher von Belästigungen und Bedrohungen.«*[27]

Die Durchführung von Kursen an Schulen bedeutet, die Mädchen dort aufzusuchen, wo sie einen großen Teil ihrer Schwierigkeiten erleben, und sie vor Ort zu unterstützen. Selbstbehauptung und Selbstverteidigung wird so in ihren Alltag integriert. Die Einführung solcher Kurse führt im LehrerInnenkollegium häufig auch zu einer intensiveren Auseinandersetzung mit dem Thema Diskriminierung von und Gewalt gegen Mädchen in der Schule. Auf die Notwendigkeiten und Möglichkeiten, die sich hieraus für die *Wen-Do* Trainerinnen ergeben, werde ich an späterer Stelle noch zurückkommmen.

Weitere Argumente, die für die Schule sprechen, sind:
- Die Entscheidung zur Teilnahme geschieht elternunabhängig, das heißt auch Mädchen, die aufgrund elterlicher Vorbehalte – «*meine Tochter geht nicht zu den Emanzen und Lesben ...*« – und (auch kulturell bedingter) Verbote, keine Angebote in Vereinen oder Freizeitstätten in Anspruch nehmen dürfen, haben hier die Möglichkeit zur Teilnahme.

- Den Mädchen entstehen in aller Regel keine Unkosten. Je nach Projekt und Stadt ist die Finanzierung über schulische Fonds, Frauenbüros und -ministerien, Fördervereine und Arbeitsbeschaffungsmaßnahmen abgesichert.[28] Für viele mag die kostenlose Teilnahme unwesentlich sein, für andere ist sie hingegen entscheidend.
- Es ergeben sich für die Mädchen keine zusätzlichen, eventuell umständlichen Wege und 'noch mehr Termine'.[29]

Als weiterer Vorteil hat sich der hohe Bekanntheitsgrad der Mädchen untereinander erwiesen. Er trägt zum Aufbau eines stärkeren Zusammenhaltes bei und befähigt sie, »*mehr aufeinander zu achten und mutiger füreinander einzustehen.*«[30]

Verfügt die Schule als Durchführungsort auch über beachtenswerte Vorteile, müssen an dieser Stelle noch zwei Bedingungen aufgeführt werden, die für eine parteiliche Arbeit unerläßlich sind, auf dem Hintergrund der *Institution* Schule jedoch besonders hervorgehoben werden müssen: Die Teilnahme der Mädchen muß *freiwillig* und *ohne Benotung* stattfinden. Im Rahmen eines verpflichtenden Schulangebotes besteht die Gefahr, daß zu respektierende Schutzmechanismen bezüglich sexueller Gewalterfahrungen gebrochen oder aber mittels Störmanövern bzw. passiver Verweigerung verteidigt werden. Dies ist weder mit den Inhalten noch den Zielen der Kurse vereinbar.

Eine Benotung steht dem Ziel, Mädchen unter Berücksichtigung ihrer Individualität in ihren vielfältigen Widerstandsmöglichkeiten zu unterstützen, krass entgegen. Sie hemmt zudem das Vertrauensverhältnis zwischen Übungsleiterin und Mädchen, indem sie ein hierarchisches Verhältnis herstellt. Aus den Schwierigkeiten, in einem schulischen Angebot ein nicht-hierarchisches Verhältnis zwischen Lehrerin und Schülerinnen aufzubauen, leitet sich die weitgehende Übereinstimmung von Trainerinnen ab, daß Lehrerinnen zur Durchführung von Kursen ungeeignet sind. Eingebunden in die Institution Schule stellen Lehrerinnen eine Autoritätsperson dar, in deren (Benotungs-) Abhängigkeit die Mädchen stehen. Die erforderliche Parteilichkeit mit den Mädchen ist seitens der Lehrerinnen nicht leistbar. Sie selbst sind Teil einer Institution und eines Kollegiums, welche Geschlechtstypisierungen und -hierarchien repräsentieren und reproduzieren.[31] Eine vertrauensvolle Basis läßt sich unter diesen Voraussetzungen nur beschränkt in den Kursen herstellen. Lehrerinnen können und sollten jedoch *»wichtige Bündnispartnerinnen«*[32] sein, indem sie sich ihrerseits um eine Enttabuisierung und konstruktive Auseinandersetzung mit dem Thema *Gewalt gegen Mädchen (und schwächere Jungen) an Schulen* bemühen. In Abstimmung mit den Mädchen können sie auch die Position einer Vertrauenslehrerin für Mädchenbelange einnehmen, und somit zur Mittlerin zwischen Mädchen und Jungen oder Mädchen und Lehrern werden. Ihre tägliche Anwesenheit erweist sich diesbezüglich zum Vorteil gegenüber den externen Trainerinnen. Die Durchführung von Selbstbehauptungs- und Selbstverteidigungskursen wäre auch in dieser Hinsicht sicher wertvoll. Eine weitergehende Darstellung von Möglichkeiten aber auch Schwierigkeiten, mit denen Lehrerinnen konfrontiert sind, wenn sie ihrerseits eine Veränderung für die Mädchen herbeiführen möchten, läßt sich an dieser Stelle nicht mehr vornehmen.[33]

Fortfahren möchte ich nun mit den Einrichtungen öffentlicher Jugendarbeit, die einen zweiten wichtigen Bereich darstellen, in dem sich die Durchführung von Kursen als sinnvoll erwiesen hat.

Einrichtungen öffentlicher Jugendarbeit
Im Gegensatz zur Schule handelt es sich bei den Einrichtungen öffentlicher Jugendarbeit um Orte, die Mädchen nicht zwangsläufig aufsuchen.

Dies ist in ihrer *Komm-Struktur*[34] begründet, vor allem aber auch darauf zurückzuführen, daß – trotz aller bisherigen Bemühungen – Jugendarbeit in weiten Teilen immer noch vorrangig Jungenarbeit ist, wie es 1984 im 6. Jugendbericht analysiert worden ist. Beides bedingt in sich eine gewisse *»Vorauswahl der Mädchen«*[35].

Einige Merkmale, die die Nutzung solcher Einrichtungen beeinflussen sind: der kulturelle Hintergrund, Freizeitverplanung, evtl. vorhandene Negativerfahrungen in den Einrichtungen und Stadtteilorientierung.

Selbstbehauptungs- Selbstverteidigungskurse können ein attraktives Angebot sein, um Mädchen einen an ihren Bedürfnissen orientierten Raum innerhalb der Einrichtung zur Verfügung zu stellen. »*Im Bereich der Jugendpflege ist [jedoch] das Angebot ein zu begrenztes, wenn es sich ausschließlich auf Wen-Do Kurse bezieht.*«[36] Daraus ergibt sich, daß sie dann sinnvoll sind, wenn sie in ein bereits bestehendes Konzept von Mädchenarbeit eingebettet sind oder aber Ausgangspunkt für ein kontinuierliches Angebot bilden. In der Abgrenzung zu den Jungen, die bislang den Raum Jugendzentrum weitgehend dominieren, und durch die thematische Orientierung auf Widerstandsstrategien gegen Anmache und Gewalt werden die Mädchen unterstützt, diesen Raum auch für ihre Bedürfnisse zu 'besetzen' und zu nutzen.

Als positiv ist die Zusammenarbeit mit einer in der Einrichtung arbeitenden Pädagogin zu sehen. Sie kann die Betreuung einer Mädchengruppe über den Rahmen der Selbstverteidigung hinaus begleiten und fortsetzen.[37]

Hinsichtlich der Frage, ob diese Pädagogin selbst am Kurs teilnehmen sollte, gibt es unterschiedliche Meinungen. Ich persönlich habe gute Erfahrungen gemacht, wenn die Pädagogin selbst Teilnehmerin gewesen ist, und bereits vorher ein Vertrauensverhältnis zwischen ihr und den Mädchen bestanden hat. Wie ich im Nachhinein erfahren habe, bot die gemeinsame Erfahrung Anlaß zu weiteren, konstruktiven Auseinandersetzungen und auch gemeinsamen 'Übungsstunden'. Meines Erachtens nach ist es sinnvoll, die Entscheidung zur Teilnahme der Pädagogin, in einem entsprechenden Gespräch mit dieser und in Abhängigkeit der Bedingungen vor Ort zu treffen.

Letztendlich bleibt festzustellen, daß das hier beschriebene Kursangebot auf (sehr) gute Resonanz stößt. Es besteht vor allem dann eine sehr große Nachfrage, wenn die Mobilisierung über die einzelne Einrichtung hinausgeht, und nicht ausschließlich bisherige Besucherinnen angesprochen werden.

Welchen Einfluß die Selbstverteidigung und Selbstbehauptung auf den Alltag der Mädchen ausübt, ist jedoch nicht nur von Inhalt und Ort abhängig, sondern auch von der Kursdauer. Insofern ist es sinnvoll, diese nun kurz zu erörtern.

Dauer der Kurse

Die Dauer der Kurse bezieht sich zuallererst auf den *Zeitraum* und weniger auf die Gesamtstundenzahl. Um die Themenbereiche sinnvoll aufeinander aufbauen und ausreichend bearbeiten zu können, sind mindestens 11 bis 12 Stunden à 90 Minuten wünschenswert. Verteilt werden diese je nach Organisationsform über einen unterschiedlichen Zeitraum:
- 3 bis 7 Projekttage in der Schule oder im Freizeitbereich;
- Kurse von ebenfalls 3 bis 7 Tagen im Rahmen von Ferienpaß- aktionen;
- ein Schulhalbjahr und eine eventuelle Weiterführung im folgenden Halbjahr;
- Kursphasen, beispielsweise drei Monate, die über Vereine oder Bildungsinstitute vorgegeben sind;
- Wochenenden.

Länger andauernde Kurse bieten den Vorteil, Handlungsstrategien nicht nur einmalig aufzubauen, sondern sie in ihrer praktischen Anwendung auch reflektieren zu können. Sie erlauben auch ein größeres Vertrauensverhältnis, welches sich in der zunehmenden Bereitschaft wiederspiegelt, spontan eigene Erlebnisse und Überlegungen einzubringen.

Kurze Phasen, wie beispielsweise Projekttage, weisen eine größere Intensität auf, verlangen aber auch eine große Konzentrationsfähigkeit. Andere Angebote sind an solchen Tagen kaum noch zu nutzen. Für die Trainerinnen lassen sie nur ein geringfügiges Maß an Flexibilität zu, welches sich aber nicht zwangsläufig zum Nachteil der Teilnehmerinnen auswirkt. Gleichzeitig wecken sie häufig das Interesse, neue Gruppen zu bilden.

Wochenenden bieten sich vor allem dort an, wo keine Trainerin vor Ort lebt. Der Grad der Intensität ist ebenfalls sehr hoch, aber eine weitergehende Erfahrung oftmals nicht möglich. Sie lassen sich zudem frühestens ab einem Alter von 12 Jahren durchführen, da sie bei jüngeren Mädchen eine Überforderung ihrer Konzentrationsfähigkeit darstellen.

Ein letzter zu beachtenswerter Punkt in der Organisation und Durchführung von Selbstverteidigungsgruppen ist die Größe der Gruppe und die Anzahl der Leiterinnen.

Gruppengröße und Gruppenleitung

Eine Gruppengröße von 12 bis 16 Mädchen ist erstrebenswert. Diese Anzahl erlaubt es, auf die Bedürfnisse einzelner einzugehen, alle Anwesenden in Gesprächskreisen miteinzubeziehen und die Gruppe als Ganzes überschauen zu können. Eine geringere Anzahl als 10 Teilnehmerinnen wirkt allerdings insbesondere in großen Räumen, wie zum Beispiel Turnhallen, eher demotivierend und bewegungshemmend. Auch lassen sich einige, sonst durchaus beliebte und konstruktive Spiele (fast) nicht durchführen. Auch muß bedacht werden, daß nicht immer alle anwesend sind, beispielsweise aus Krankheitsgründen.

In einer Gruppe mit mehr als 16 Mädchen finden nicht alle ausreichend Berücksichtigung. Dies hat unter anderem zur Folge, daß es schwierig ist, eine Atmosphäre von Ruhe und Konzentration herzustellen. Eine zu große Gruppe provoziert dementsprechend auch störende Verhaltensmuster, mittels derer Mädchen die Aufmerksamkeit auf sich lenken möchten. Gereiztheit und Nervosität, aber auch Rückzug einzelner Teilnehmerinnen sind die Konsequenz. Möglicherweise wirkt sich dies auch negativ auf den Umgang der Kursleiterin mit einzelnen Mädchen aus.

Konsequenterweise kommt es in solch einer Gruppe zu einer größeren Fluktuation.[38]

Als sinnvoll und förderlich hat sich die Leitung von Mädchengruppen mit zwei qualifizierten Frauen erwiesen. Dies gilt insbesondere für das Grundschulalter. Die Teamarbeit im Kurs bietet vor allem die folgenden Vorteile:

- Nach dem »*Prinzip, eine leitet [an], die andere beobachtet und unterstützt*«[39], ist es sowohl möglich, in der Stunde auf einzelne einzugehen, ohne die anderen zu vernachlässigen, als auch den Stundenverlauf besser und intensiver aufzuarbeiten.
- Auch die Vorlieben für ein Thema seitens der Kursleiterinnen können in der Arbeitsteilung berücksichtigt werden.
- Im Krankheitsfall werden die Mädchen nicht mit einer ihnen fremden Frau konfrontiert.
- Ist es einem Mädchen nicht möglich, mit einer Trainerin 'warm' zu werden, so kann sie sich nach eigener Entscheidung an der anderen orientieren.
- Die Zusammenarbeit mit Lehrerinnen, Pädagoginnen und Eltern ist aufgrund einer Arbeitsteilung besser zu bewerkstelligen.

Insgesamt läßt sich feststellen, daß die themenbezogene Stärkung und Förderung der Mädchen eines organisatorischen Rahmens bedarf, der sowohl die Individualität jeder einzelnen Teilnehmerin als auch das Gruppengefüge und die Gruppendynamik weitestgehend berücksichtigt.

5. Die Kursinhalte und ihre Auswirkungen auf Selbstbild und Körpersprache

Motivation zur Teilnahme und Erwartungen an den Kurs

»*Auf einem Geburtstag waren wir drei und auch noch viele andere Mädchen in einem Schwimmbad. Dort wurden wir von einem ca 20jährigen Mann belästigt. Wir haben Angst, daß uns das noch einmal passiert, und wir uns nicht wehren können. Darum sind wir hier. Wir wollen lernen, uns gegen andere Menschen/ Schüler zu schützen. Am allerliebsten wollen wir lernen, Mut zu bekommen, uns gegen andere zu wehren.*«[1]

Die Motivation der Mädchen zur Teilnahme an einem Selbstbehauptungs- und Selbstverteidigungskurs liegt grundsätzlich in ihren ganz persönlichen Alltagserlebnissen. Seit Beginn der Berichterstattung zum *Fall Dutroux* in Belgien und den Ermordungen der beiden Mädchen aus Varel und Oldenburg hat die Angst vor Entführung, Vergewaltigung und Mord jedoch erheblich zugenommen. Zudem erscheint die Angst vor der Gewalt durch einen Fremden primär in der Verbindung mit Wegen in der Dunkelheit: »*Wenn ich abends vom Reiten komme, und es schon dunkel ist, und mich jemand angreifen möchte, kann ich mich besser verteidigen.*«[2] Dieser Motivation gilt es mit allem Verständnis und Respekt zu begegnen, und in die Stundeninhalte miteinzubeziehen. Grundsätzlich steht diese Angst jedoch erst an zweiter Stelle hinter den Erlebnissen im sozialen Nahraum.

Denn leitet man behutsam, aber konkret zur Frage nach alltäglichen Formen der Belästigung, Anmache und Diskriminierung über, so erfolgen spontane Erzählungen von in diesem Sinn real erlebten Situationen und Bedrohungen seitens Mitschülern, Brüdern und deren Freunden. Thematisiert werden auch Aufdringlichkeiten durch Lehrer. Nicht selten treten die Mädchen in einen spontanen Austausch über negative Erfahrungen mit *den* - namentlich genannten - schrecklichen Jungen.

Konsequenterweise ergeben sich aus einer im persönlichen Erlebnisbereich begründeten Motivation Erwartungen, die darauf abzielen, im Alltag anzuwendende Widerstandsformen zu erwerben.[3] Die Kongruenz von Motivation und Erwartung drücken die Mädchen sehr deutlich aus: *»Ich bin hierher gekommen, weil ich manchmal einigen Leuten gerne mal die Meinung sage, und sie mich dann ärgern und mich Necken, und ich ihnen dann auch mal gerne eine verpassen will.«* oder *»Ich habe mich hierfür angemeldet, damit ich mich gegen Jungen wehren kann, und ich ihnen die Meinung sagen kann, ohne daß sie mir gleich drohen oder mich schlagen.«*[4]

Der überwiegende Teil der Mädchen in dieser Altersgruppe entscheidet sich eigenständig zur Teilnahme. Ein anderer Weg ist die Teilnahme nach Gesprächen in einer Beratungsstelle, im Sinne einer Begleitung oder Fortsetzung einer bereits begonnen Auseinandersetzung um Schwierigkeiten zu Hause oder in der Schule.[5]

Bei einigen ist auch die Erwartung vorhanden, für jede Situation *die* klare Anweisung und passende Lösung durch die Übungsleiterin zu erhalten. Dies relativiert sich im Lernprozeß des gesamten Kurses. Dennoch muß die Übungsleiterin bereits in der ersten Stunde klarstellen, daß solche Erwartungen illusorisch sind, dem Wunsch der Mädchen aber entsprochen wird, ihre Alltagssituation(en) aufzugreifen und gemeinsam daran zu überlegen.

Auslöser für die Entscheidung, an einem konkreten Angebot teilzunehmen, sind neben der persönlichen Motivation die verschiedenen Kanäle, durch die Mädchen davon erfahren. Diese sind:

- Mundpropaganda,
- Artikel in der Lokalpresse,

- Aushänge an Schulen,
- Informationsblätter, die in Schulen und Freizeiteinrichtungen verteilt werden, und
- Ankündigungen in verbandsinternen Zeitungen/Rundbriefen (z.B. Jugendverbände wie die Deutsche Pfadfinderschaft St. Georg).

Ansprechende Überschriften wenden sich direkt an die Mädchen, als da beispielsweise sind: *Mach mich nicht an! - Ob dick oder dünn, groß oder klein - jedes Mädchen ist stark! - Anmachen, ärgern, anfassen ... Mädchen sagen NEIN!*.

Zu klären, inwieweit die Erwartungen der Mädchen erfüllt werden, wird Aufgabe der am Ende stehen Auswertung sein.

Die Themen der Selbstbehauptung

Die Inhalte der Kurse korrespondieren mit der Zielsetzung: Mädchen sollen sichtbar unbequeme Gegnerinnen werden und damit die grundlegende Interaktionsstruktur zwischen Täter und Opfer brechen. Diese beschreibt Dietrich folgendermaßen: *»Täter testen ihre Opfer meistens aus, durch Fragen oder Beobachtung ihrer Reaktionen und ihrer Körpersprache. Sie wollen eine bequemes, schweigendes Opfer, das sich nicht wehrt.«*[6] Zum Schweigen gebracht werden sexuell mißbrauchte Mädchen darüber hinaus durch Erpressung und Androhung existenzbedrohender Folgen, wie beispielsweise der Trennung von ihrer Familie.

Es gilt, einen Bewußtwerdungsprozeß in Gang zu bringen und zu stabilisieren, in dem die Mädchen lernen, daß
- sie sich selbst wertschätzen;
- sie ihre Bedürfnisse und Gefühle respektieren, selbstbewußt äußern und vertreten;
- sie das 'typische' Jungen-/Männer- und Mädchenverhalten durchschauen;
- sie ein Bewußtsein ihrer persönlichen Stärke entwickeln und dieses in ihre gesamte Haltung übertragen (können);

- sie nicht allein, sondern noch viele andere von Belästigung und Gewalt betroffen sind.

Ein Mädchen, daß *bereit* ist, ihren Teil an Verantwortung für sich und andere Mädchen zu übernehmen - *nicht* für den Täter! -, ist letztendlich in der Lage, dieses durch und mit ihrem Körper in vielen Situationen auszudrücken. Unter Vorgabe dieser Überlegungen bauen die Themen der Selbstbehauptung sinnvoll aufeinander auf und ergänzen sich mit der Aneignung von Selbstverteidigungstechniken.

Im Folgenden werde ich die Inhalte behandeln, welche in einem Kurs von etwa 15 x 1,5 Stunden mit zehn- bis dreizehnjährigen Mädchen aufgegriffen und vertieft werden. Ich konzentriere mich hier auf diese Altersgruppe, da das Konzept auch als Grundlage für jüngere und ältere Mädchen gilt, jedoch altersspezifische Variationen hinsichtlich der Schwerpunkte und praktischen Umsetzung vorgenommen werden. Das Thema Körper und Sexualität taucht an dieser Stelle nicht auf, da hierfür eine längere Kursdauer beziehungsweise eine weiterführende Gruppe erforderlich ist. In Abhängigkeit zu den Bedingungen vor Ort werden sexualpädagogische Themen auch in einem anderen und umfassenderen Rahmen bearbeitet, zum Beispiel in Mädchengruppen öffentlicher Freizeiteinrichtungen oder in der AIDS-Prävention.

Jedes Thema gebe ich zuerst so wieder, daß die Absichten und die Inhalte der einführenden Gesprächskreise deutlich werden. Im zweiten Schritt werde ich beispielhaft zwei Übungen oder Spiele darstellen, mit Hilfe derer die praktische Umsetzung erfolgt.

Themenübergreifende Methoden und Medien wie Rollenspiel, Gesprächskreise und Aufwärmspiele stelle ich gesondert vor.

Die Erfahrung eigener Stärke

Der überwiegende Teil der Mädchen beginnt einen Kurs mit dem Selbstbild von körperlicher Schwäche und Unterlegenheit in Situationen der Auseinandersetzung mit Jungen und Erwachsenen. Aus mehreren Gründen ist es notwendig, gleich zu Beginn diese Selbsteinschätzung aufzugreifen. Ihre Beibehaltung wirkt hemmend und demotivierend auf das Aneignen wirkungsvoller Strategien und auf die beabsichtigte Stärkung des Selbstvertrauens. Derartige Hemmungen und Widersprüche zwischen dem Bedürfnis, sich wehren zu wollen, einerseits und internalisierten Bildern andererseits, äußern sich in Zweifeln wie: »*Das ist ja ganz schön, aber was mach ich denn, wenn ...*«

Es reicht nicht aus, darauf zu verweisen, daß Trainerinnen um die Stärke und Kraft von Mädchen wissen, die der von Jungen in nichts nachsteht. Vielmehr muß diese am Anfang stehende hierarchische Diskrepanz zwischen dem Wissen und den Erfahrungen von Trainerinnen und Teilnehmerinnen überwunden werden, um Glaubwürdigkeit und Vertrauen herzustellen. Es gilt, den Mädchen eine ganz eigene, beweiskräftige Erfahrung zukommen zu lassen, die »*alle weiteren Debatten über die Stärke der eigenen Kraft [erübrigt]*«[7]. Diese Gelegenheit findet sich im Durchschlagen eines etwa 2 cm dicken Brettes mit der geballten Faust. Hier wird explizit deutlich, daß nicht Körpergröße und Muskeln wichtig sind für einen sprichwörtlich durchschlagenden Erfolg, sondern die eigene Entschlußkraft und Konzentration auf das Ziel.

Das Zerschlagen eines Brettes löst unmittelbar Gefühle von Stolz, Freude, Erfolg, aber auch Überraschung aus. Überraschung ob der Tatsache, etwas getan zu haben, was sie sich selbst nie zugetraut hätten. Spontane Reaktionen der Mädchen bringen dies sichtbar und hörbar zum Ausdruck: Sichtbar durch offenes Lachen, hochgereckte Arme, stolzes und aufrechtes Zurückgehen auf ihren Platz; hörbar in Aussagen wie »*Macht Mut*«, »*Gibt Selbstvertrauen*«, »*Macht Spaß*«, »*Danach fühlt man sich wie King-Kong*«.[8]

Bei allen im Kursverlauf auftauchenden Zweifeln insbesondere hinsichtlich der Wirkung von Schlag- und Befreiungstechniken läßt sich immer wieder auf dieses Erlebnis verweisen. In der gemeinsamen Schlußreflexion wird es zudem als eine der wichtigsten Erfahrungen bewertet.

Atmung und Stimme

Was passiert ganz spontan, wenn ein Mädchen sich erschrickt oder Angst bekommt? Sie zuckt zusammen, unterbricht ihre Atmung – die Luft bleibt förmlich weg – und das Herz schlägt schneller (bis zum Halse hoch). Diese körperlichen Reaktionen bewirken Handlungsunfähigkeit und bestärken Angst bis hin zu Panik. Im Gegensatz dazu ist *einmal tief Luft holen* als Streßunterbrechung allgemein bekannt. Sie löst eine Entspannung aus, die wiederum ein aktives Handeln ermöglicht. Ein kontrolliertes, bewußtes Atmen verhilft zur klaren Wahrnehmung und Reaktionsfähigkeit.

Atmung und Stimme sind zwei eng verbundene Komponenten. Eine klare, laute aber auch leise, selbstbewußte Stimme setzt eine tiefgehende Atmung voraus. Eine solche Stimme beziehungsweise ein lauter Schrei löst mehrere Wirkungen aus, sowohl bei der Sprechenden/Rufenden als auch beim Adressaten:

– Sie verhilft, Mut und Wut an die Stelle von Angst zu setzen.

– Die eigene Meinung gewinnt an Eindeutigkeit.

– Eine laute, kräftige Stimme stellt Distanz her: »*Geh weg!*«

– Sie ist geeignet, Aufmerksamkeit zu erregen und infolge dessen, Hilfe herbeizurufen.

– Sie ist im Moment der körperlichen Aktivität ein Kraftverstärker.

Für viele Mädchen ist es zunächst schwierig, sich laut und selbstbewußt zu äußern, oder auch laut zu rufen, ohne daß es schrill oder piepsig klingt. Eine derartige Stimmlage drückt überwiegend Angst und Unsicherheit aus und beläßt den Körper in seiner Verkrampfung. Indem Mädchen richtig laut werden, fallen sie aus der Rolle, denn ein schönes Mädchen ist auch ein leises. Wenn sie jedoch ihre (anfängliche) Scham überwunden haben, tritt bei vielen ein Gefühl von *sich gut oder erleichtert* fühlen an die Stelle der Peinlichkeit. Je mehr sie die Wirkungsweise ihrer Stimme erfahren und an anderen beobachten, umso attraktiver wird es für sie, viele Handlungen durch eine laute Stimme zu begleiten.

Unter Berücksichtigung der Schwierigkeiten von ungewohntem Verhalten einerseits und der vielfältigen Einsatzmöglichkeiten andererseits werden zunächst Spiele durchgeführt, die von den Mädchen einen lauten Einsatz erfordern, ohne ihnen das Gefühl zu geben, im Mittelpunkt zu stehen und sich darstellen zu müssen.

Spiel 1: *Die Königskinder*
Im Abstand von 5 bis 10 Metern stehen sich 2 Gruppen von je 3 Mädchen gegenüber. A und B nehmen C in die Mitte und haken sich bei ihr ein. Beide C versuchen nun zueinander zu kommen. Dabei werden sie einerseits von ihren Partnerinnen behindert (nicht gehindert!), andererseits rufen sie, so laut sie können, den Namen ihrer C-Partnerin. Wenn sie sich treffen, erfolgt der Positionswechsel.

Spiel 2: *Laut gebrüllt, Löwin!*
Die Mädchen stehen sich paarweise gegenüber. Jede schlüpft in die Rolle einer Löwin, welche ihr vorhandenes Revier verteidigen will. Um dieses zu erreichen, versucht jede, die andere durch besonders lautes Brüllen zu vertreiben.

Beide Spiele erfordern von den Mädchen den lautestmöglichen Einsatz. Sie erleben, welche Stimmlage mehr Kraft verleiht und einen starken Eindruck hinterläßt.

Die Erfahrung, daß laut sein auch Spaß machen kann, ist eine wichtige Motivation für einen taktischen Einsatz ihrer Stimme, wenn es um Strategien für eine frühzeitige Beendigung von bedrohlichen Situationen und eine effektive Anwendung von Selbstverteidigungstechniken geht.

Die Distanzschwelle

Im Kapitel 3 habe ich bereits die persönliche Distanzschwelle eingeführt. Im Kurs wird sie den Mädchen als der Punkt vermittelt, an dem ihnen die Nähe einer Person unangenehm wird. Das Ignorieren dieser Schwelle seitens anderer Personen wird als Grenzverletzung oder Grenzüberschreitung festgestellt.

Kaum eine kennt nicht Situationen unerwünschter Berührungen: durch Verwandte – *«Komm, laß dich doch mal drücken»*, in Form von Rempeleien oder Aufdringlichkeiten oder Belästigungen durch Jungen, LehrerInnen und andere. Die jahrelangen alltäglichen Grenzverletzungen bis hin zu sexuellen Gewalterfahrungen und damit einhergehende Zurechtweisungen – *«Stell dich nicht so an»* – und Erpressungen, verringern die Wahrnehmung der Mädchen, diese als Unrecht zu empfinden.[9] Sie lernen, daß Nähe und Distanz von anderen bestimmt, und selbst ihre Ablenkungsmanöver ignoriert werden. Die daraus entstehenden unguten Gefühle begreifen sie zunehmend als ihr individuelles Problem. Der aus gefühlter Ablehnung, Rollenzuweisung und Erduldung resultierende Konflikt findet sich in der Aneignung von Beschwichtigungen/Rechtfertigungen und Resignation wieder: *»Das ist ja nicht böse gemeint«, »Da kann man doch nichts machen, sonst gibt es nur Ärger«.*

Es gilt, den Mädchen zunächst ihre 'komischen' Empfindungen als berechtigt und angemessen zu bestätigen. Ihnen wird verdeutlicht, daß Schuldgefühle aus dem Grunde provoziert werden, damit andere über sie bestimmen können und damit ihren Wunsch nach Respekt unterbinden. Ebenso wird vermittelt, daß die persönliche Distanzschwelle jederzeit bei jedem Menschen vorhanden ist und abhängig ist von der eigenen Stimmung, der anderen Person und dem Ort.

Die folgenden Übungen dienen einer bewußten Wahrnehmung und dem sichtbaren Ausdrücken ihrer individuellen Grenzen.

Übung 1:
Paarweise stehen sich zwei Mädchen, A und B, in einem Abstand von etwa 5 Metern gegenüber. Im ersten Durchgang geht A nacheinander 3 Mal in möglichst neutraler Stimmung auf B zu. B gebietet ihr Einhalt, wenn sie zu nahe kommt. B überprüft die Richtigkeit des Abstandes und korrigiert gegebenenfalls. Dann erfolgt der Wechsel.

Übung 2:
Diese ist eine weitergehende Variante der ersten Übung. Die sich Nähernde wechselt den Ausdruck ihrer Stimmung und Absichten: freundlich, anmachend, aggressiv ... Zudem kann A in Wechseln die Rolle einer Frau und die eines Mannes einnehmen. Sie kündigt dies an, oder B errät, was A darstellt.

Nach diesen Übungen haben die Mädchen die Möglichkeit, sich mit ihrer Partnerin und in der Gruppe auszutauschen. An dieser Stelle kann die Übungsleiterin auch den Blick dahin lenken, *wie* die Mädchen ihre Grenzen zum Ausdruck gebracht haben, und ihre Partnerin die entsprechende Haltung und Sprache empfunden hat. Vielen fällt in diesem Zusammenhang die wenig überzeugende enge Körperhaltung (gekreuzte Beine, verschränkte Arme), das *unsichere Lächeln* und ein schüchtern ausgesprochenes *Nein* auf.
Hier findet die Überleitung zum nächsten Thema statt, nämlich der deutlichen, überzeugenden verbalen Ablehnung.

NEIN sagen

»*Nein sagen, heißt nicht, 'frech zu sein' oder 'Widerworte geben', sondern selbstbewußt zu sein, die eigene Meinung zu vertreten, über sich und seinen Körper zu bestimmen.*«[10]
Auf Grundlage des zuvor vermittelten Selbstbestimmungsrechtes über Nähe und Distanz wird nun auf das 'blöde Gefühl' einge-

gangen, welches das Nachgeben oder 'Herauswinden' aus grenz-verletzenden Situationen zumeist hervorruft. Mädchen fällt es häufig schwer, eine *eindeutige* Ablehnung zu äußern, insbesonde-re gegenüber Erwachsenen und den (vermeintlich) stärkeren Jun-gen. Die Vorstellung eines laut ausgesprochenen NEINs löst bei vielen Peinlichkeitsgefühle aus. Sie befürchten die Aufmerksam-keit und den Tadel anderer zu erregen, daß die andere Person beleidigt ist und sich abwendet. Diese Gefühle gilt es zunächst anzunehmen. Es erfolgt dann eine Überprüfung, inwieweit die befürchteten Reaktionen tatsächlich eintreten, oder aber ein NEIN andere Konsequenzen nach sich zieht, wie beispielsweise Respekt und ein gutes Gefühl von Selbstbewußtsein.

Zum Einstieg in das Thema wird einem Gesprächskreis genügend Zeit und Ruhe eingeräumt. Mit der Frage *»Kennt ihr das auch: Ihr werdet angefaßt, wollt das gar nicht und traut euch aber nicht, das zu sagen?«* werden die Mädchen aufgefordert, sich eigenständig dem Thema zu nähern. Das Vorlesen des Buches *Das große und das kleine NEIN* von Braun und Wolters (1991) eignet sich sowohl zu Beginn des Kreises und der Überleitung zu eigenen Erlebnissen, als auch zur Überleitung vom Gespräch zu den Spielen.

Spiel 1: *Verfolgung*
Die Mädchen finden sich mit einer Partnerin zusammen - A und B. A geht durch den Raum, während B sie verfolgt und dabei immer wieder ihren Namen in unterschiedlicher Betonung ruft. Wenn A das Gefühl hat *»mir reicht es«*, dreht sie sich um und sagt ein ganz entschiedenes *NEIN* zu B.
Diese Übung kann im zweiten Schritt dahingehend erweitert wer-den, daß B die Grenze nicht einhält, wenn sie das *NEIN* als nicht überzeugend empfindet.

Spiel 2: *Rote oder grüne Karte?*
Diese Partnerinnenübung besteht aus zwei aufeinander aufbauenden Schritten. Jeder Abschnitt dauert zwei Minuten.
a) A ist eine B unbekannte Person und fordert letztere zu verschiedenen Handlungen auf. B entscheidet spontan, ob sie dem nachkommt oder nicht. Wenn ja, so zeigt sie die grüne Karte und sagt *Ja* - beispielsweise, wenn A um die Uhrzeit bittet. Lehnt B die Aufforderung ab, z.B. in das Auto einzusteigen, so holt sie tief Luft, zeigt die rote Karte und sagt laut und deutlich *Nein*. Nach einem *Nein* erfolgt ein direkter Rollentausch.
b) A ist eine B bekannte Person. Der Ablauf ist wie im 1. Schritt.

Beide Spiele beziehen die Wirkungen von Atmung und Stimmlage mit ein. Die Vorgabe zur spontanen Entscheidung in Übung zwei fordert ein starkes Vertrauen in das eigene Gefühl und in die eigene Entschlußfähigkeit. Die während der Spieldurchführung auftretenden, zum Teil widersprüchlichen Gefühle und Assoziationen gilt es zu besprechen, als da sind:
- die Übertragbarkeit, beispielsweise folgt eine Person auf dem Nachhauseweg in kurzem Abstand;
- Überlegenheit (auf Seiten der Ablehnenden);
- das Bedürfnis, die eigene ablehnende Haltung erklären zu wollen, insbesondere gegenüber einer bekannten Person und:
- Albernheit;
- Dummheit;
- Unterlegenheit (in der Rolle der Befehlenden).
Wichtig ist es auch, den für (fast) alle geltenden Unterschied zwischen einer bekannten und unbekannten Person aufzugreifen. An diesem Punkt läßt sich überleiten auf konkrete Situationen und konsequente, situationsangepaßte Äußerungen der Ablehnung.
Vieles, was in einer solchen Stunde besprochen und ausprobiert wird, bildet Grundlage für den weiteren Kursverlauf sowie für ein erstes Ausprobieren im sozialen Umfeld.

Die Körpersprache: Haltung und Bewegung – Blickverhalten – Wahrnehmung

Bei den vorhergehenden Themen ist der Einsatz körpersprachlicher Mittel quasi ein Nebenprodukt gewesen. So läßt es sich beispielsweise nicht laut schreien, wenn die Körperhaltung eine verschlossene ist. Auch ist ein NEIN überzeugender, wenn im Moment der Aussprache der Körper dem Gegenüber zugewandt ist, und ein direkter Blickkontakt gehalten wird.

Deswegen ist es wichtig, die Körpersprache explizit zu thematisieren und mit ihr zu experimentieren, um die Wirkung auf Seiten beider InteraktionspartnerInnen zu verdeutlichen und erfahrbar zu machen. Daraus ergeben sich folgende Fragen: Was drücke ich mit meinem Körper aus, und wie wirkt jemand anderes auf mich? Welche Blicke und Haltungen lösen unangenehme Gefühle, Unsicherheit, Angst und Bedrohung aus? Wie signalisiere ich meine Gefühle von Unterlegenheit oder die Bereitschaft zur Gegenwehr? Es ist meines Erachtens erst dann sinnvoll, Körpersprache zum Stundenthema zu machen, wenn bereits Grundlagen zur sensiblen Wahrnehmung der eigenen Grenzen und eigenen Stärken, die Bereitschaft und der Wille zur Durchsetzung eigener Bedürfnisse gelegt sind. Dies begründet sich darin, daß die intensivste Wirkung der Körpersprache dann erzielt wird, wenn sie *echt*, also in Übereinstimmung mit der emotionalen Haltung ist. Selbstbewußtes Auftreten ist mit körpersprachlichen Mitteln kaum als taktisches Manöver in Angstsituationen einzusetzen, wenn es nicht kongruent mit der inneren Befindlichkeit ist. Ziel der Gruppen ist es *nicht*, den Mädchen eine kritiklose Übernahme männlicher Körpersprache - eines Imponierverhaltens - zu vermitteln. Eine solche hätte gleichermaßen eine von der Situation losgelöste Abwertung ihrer eigenen, weiblichen nonverbalen Kommunikation zur Folge. Vielmehr gilt es, die Körpersprache als Teil ihrer Individualität zu verstehen. Gelingt es den Mädchen, die Übereinstimmung herbeizustellen zwischen ihrem nonverbalen

Ausdruck und ihrer Wahrnehmung und den Gefühlen, so vollziehen sie einen wichtigen Schritt hin zu einem positiven Körper- und Selbstwertgefühl. So können sie auch (wieder) aufhören zu lächeln, wenn sie gerade nicht wirklich fröhlich oder glücklich sind. Gleichermaßen wird ein Lernprozeß in Gang gesetzt, der es ihnen ermöglicht, anderen Menschen in die Augen zu sehen, und den Blickkontakt im Gespräch aufrechtzuerhalten, statt den eigenen Blick abzuwenden.

Mädchen fällt es häufig schwer, anmachenden und drohenden Blicken standzuhalten, und damit ihrerseits einer Person zu signalisieren *ich wehre mich*. Darüberhinaus dient das bewußte Hinschauen natürlich auch der Überprüfung einer Situation. Ein sehr typisches Beispiel mag dies verdeutlichen: Während ein Mädchen in der Dämmerung oder Dunkelheit nach Hause geht, hört sie Schritte hinter sich. Der aufkommenden Angst versucht sie sprichwörtlich zu entgehen, indem sie ihren Gang beschleunigt. In dem Maß, wie das Gefühl von Unsicherheit und Angst ansteigt, nehmen auch die körperlichen Angstsymptome zu. In diesem Fall ist es zweckdienlich, die hintere Person in Augenschein zu nehmen. Eine solche Überprüfung der Situation ermöglicht es, eigeninitiativ zu werden, um die Angst zu mindern, und eine eventuelle Bedrohung zu beenden. Wenn die Assoziation *Überfall* durch die Schritte ausgelöst worden ist, so kann das Hinschauen diese Vorstellung berichtigen. In der Folge kann das Mädchen mit einem ruhigen Gefühl nach Hause gehen, ohne in unnötigen Streß zu verfallen. Der Blick verhilft zu einer *realen* Einschätzung und einem angemessenen Verhalten.

Parallel zum wachsenden Bewußtsein »*Ich will und kann mich wehren*« erfahren die Mädchen durch Beobachtung und Ausprobieren eine Veränderung ihrer gesamten Haltung. Diese sieht beispielsweise so aus: Zunächst ist ein sehr üblicher abwehrender Ausdruck das Kreuzen der Beine und Verschränken der Arme vor dem Körper. Die darin enthaltene Passivität wird zunehmend ausgewechselt durch eine parallele Beinhaltung, welche einhergeht mit einem stabilen Stand, und dem aktiven, nach außen gerichteten Einsatz der Hände oder Ellbogen, um eine Person auf Distanz zu halten. Letztendlich ist auch dies ein wesentlicher Schritt auf dem Weg dahin, das ungleiche Machtverhältnis zwischen einem möglichen Angreifer und dem Mädchen zu Gunsten der Angegriffenen zu verändern.

Die Effektivität der Körpersprache bei der frühzeitigen Beendigung einer bedrohlichen Situation findet ihre Ergänzung in der Wahrnehmung nonverbaler Nachrichten anderer Personen. Die richtige Interpretation dieser Botschaften wird als – zumeist vorhandene – Fähigkeit bestätigt. Die Mädchen werden darin bestärkt, ihrer eigenen Wahrnehmung zu trauen, und diese zur Grundlage des eigenen Handelns zu machen. Selbstbeschwichtigungen wie *»der meint das ja nicht so«* verlieren nun ihre in der Hilflosigkeit begründete Bedeutung.

Spielerisch und im Austausch von Beobachtungen erarbeiten sich die Mädchen eine der jeweiligen Situation angemessene und mit ihrem Gefühl übereinstimmende Körpersprache. Sie experimentieren mit dem erlangten Wissen und überprüfen die Wirkungsweisen insbesondere auch im Rollenspiel. Der gesamte Komplex der Körpersprache wird stufenweise erarbeitet, bis er ein ganzheitliches Bild ergibt und in die umfassenden Strategien – von der Stimme bis hin zu den Selbstverteidigungstechniken – einfließt.

Körperhaltung
Spiel 1: *Eigenschaften modellieren*
Paarweise finden die Mädchen sich zusammen. Die Übungsleiterin gibt eine Eigenschaft vor. A formt diese, wobei ihr B als Arbeitsmaterial dient. Nach Fertigstellung vergleichen die A-Mädchen ihre unterschiedlichen Modelle. Danach erfolgt ein Positionswechsel.

Auf Folgendes sollte geachtet werden: Die Mädchen sollen sich beim Formen auf *ihre* Vorstellung des Modells konzentrieren und möglichst keine Ideen der anderen übernehmen. Die Partnerinnen sollen *unbedingt* ein gutes Gefühl zueinander haben, da es in der Berührung sonst schnell zu Grenzverletzungen kommen kann.

Spiel 2: *Guten Tag*
Alle Mädchen gehen durch den Raum und grüßen sich gegenseitig. Dabei nehmen sie eine von der Übungsleiterin vorgegebene, wechselnde Haltung ein: arrogant, freundlich, müde, aggressiv ...

Gehen und Stehen
Übung 1: *sicherer Stand*
Alle Mädchen stehen im Kreis. Jede steht mit ihren Füßen schulterbreit und probiert aus, wie weit sie ihren Körper seitwärts, nach vorne und hinten verlagern kann, ohne das Gleichgewicht zu verlieren, oder die Füße vom Boden abzuheben.

Übung 2:
Alle Mädchen gehen durch den Raum. Beim Aufeinandertreffen tippt eine der anderen auf die Schulter. Die so Berührte bleibt aufrecht stehen, achtet darauf, daß sie ihren Schwerpunkt in der Körpermitte hat, und atmet bewußt einmal tief ein und aus.

Blicke und Blickverhalten
Übung 1: *Mit Blicken den Raum wahrnehmen*
Alle Mädchen gehen durch den Raum. Spontan bestimmt jede für sich, welches Ziel sie ansteuert und anfaßt. Dabei sollen alle darauf achten, sich nicht anzurempeln. Über je zwei Minuten gehen die Mädchen nach folgender Anweisung: die Nase hochhalten, die Nase hängen lassen, das Gesicht gerade halten.
Diese Übung ermöglicht die Erfahrung, welche Haltung welchen Blickradius zuläßt und damit ihre Wahrnehmung und Gefühle von Sicherheit und Unsicherheit beeinflußt.

Übung 2: *die Angreiferin nicht aus den Augen lassen*
Paarweise stehen die Mädchen sich in erreichbarer Nähe gegenüber. A schlägt deutlich, aber nicht hart, zum Kopf oder den
Füßen von B. Diese weicht entsprechend nach unten aus oder
springt hoch. Vorgabe ist es, in keinem Moment dem Blick der
anderen auszuweichen.
Ziel dieser Übung ist es, die Gegnerin die ganze Zeit im Blick zu
behalten, und mitzubekommen, wo der nächste Schlag treffen
soll. Durch das Standhalten des Blickes übernimmt B eine weitgehende Kontrolle der Situation.

Mimik
Spiel 1: *Masken werfen*
Die Übungsleiterin setzt sich eine 'Maske' auf, indem die mit der
Hand über ihr Gesicht streicht und eine neue Miene aufsetzt. Sie
nimmt durch erneutes Streichen die 'Maske' wieder ab und wirft
sie der nächsten zu. Diese setzt sich nun die 'Maske' auf, verändert ihre Miene, streift die 'Maske' ab, wirft sie weiter... Der
Vorgang wird solange wiederholt, bis alle mindestens einmal an
der Reihe gewesen sind.

Spiel 2: *Feeling*
Es werden zwei Gruppen gebildet, die sich im Abstand von einigen Metern gegenüberstehen. Die erste Mitspielerin nimmt einen
von ihr gewählten Gesichtsausdruck an und läuft auf die Erste
der anderen Gruppe zu. Diese übernimmt die Mimik und läuft
bis zur Mitte. Dort ändert sie den Gesichtausdruck und läuft zur
nächsten Person der ersten Gruppe weiter. Das betreffende Mädchen macht das gleiche, und so geht es weiter, bis alle dran-
gewesen sind.

Gefühle darstellen und wahrnehmen
Spiel 1: *Sitzkopie*
Teil 1: Es werden Dreiergruppen gebildet: A, B und C. A setzt sich auf einen Stuhl und schließt die Augen. B setzt sich ebenfalls hin und nimmt eine frei gewählte Haltung ein. C beschreibt A wie B sitzt und A nimmt blind diese Haltung ein. Bei erfolgter Übereinstimmung erfolgt ein Rollenwechsel.
Teil 2: B gibt nicht nur eine Sitzhaltung ein, sondern drückt mit dieser ganz bewußt auch ein Gefühl aus. A soll beides übernehmen. Die Anweisungen von C benennen kein Gefühl, sondern beinhalten Anweisungen bezüglich der Mimik, beispielsweise in der Form: die Lippen aufeinanderpressen, Mundwinkel auseinanderziehen,... . Bei Erreichen vollständiger Übereinstimmung rät A, welches Gefühl sie nachgestellt hat.

Spiel 2: *Scharade der Gefühle*
Es werden zwei Gruppen gebildet, die in größtmöglicher Entfernung voneinander sitzen. Die Übungsleiterin befindet sich in der Mitte und hat an ihren beiden Seiten je einen Stapel Karten für die Gruppe A und B, auf denen je ein Gefühl aufgeschrieben steht. Nacheinander kommt je eine Teilnehmerin der Gruppen zu ihr hin und liest leise die ihr gezeigte Karte. Dann stellt das Mädchen ihrer Gruppe das entsprechende Gefühl pantomimisch dar. Da der Sinn dieses Spieles unter anderem darin liegt, die Gefühle der anderen schnell zu erfassen, wird es als Wettspiel zwischen den beiden Gruppen durchgeführt: Wer hat als erstes alle Gefühle erraten.

Alle hier beispielhaft vorgestellten Übungen erlauben den Mädchen, die Bedeutung und Wichtigkeit der Körpersprache in der alltäglichen Kommunikation zu erfassen. In dieser Altersgruppe macht es den Mädchen zudem viel Spaß, mit ihrer nonverbalen Kommunikation zu experimentieren. Das Ausprobieren ungewohnter Haltungen, beispielsweise der kongruente Ausdruck von

Wut und Aggression fällt in diesem Alter noch relativ leicht, da ihnen diese Gefühle noch nicht vollständig abtrainiert sind – sie müssen noch nicht die Rolle der Erwachsenen übernehmen.

Welche Bedeutung ihrer intuitiven Wahrnehmung und dem eigenen, kongruenten Ausdruck zukommt, das erfahren sie vor allem im Nachstellen erlebter oder vorgestellter Situationen.

Die Wahrnehmung des Raumes und anderer Personen mit allen Sinnen

Angst ist zuallerst einmal ein positiv zu verstehendes Warnsignal, dessen Wert darin liegt, Aufmerksamkeit für die Umgebung auszulösen. Wird das Signal in dieser Weise angenommen, erfolgt eine (visuelle) Überprüfung der Situation. Anderenfalls kommt es zu der schon beschriebenen Reaktion der Erstarrung.

Ein angstauslösendes Moment ist die visuelle Wahrnehmung körpersprachlicher Signale. Ein weiteres stellt die kognitive Assoziation und Wertung dar, wie beispielsweise die Verknüpfung von Dunkelheit mit der Vorstellung eines Fremdtäters. Insgesamt vollzieht sich die Wahrnehmung bedrohlicher Situationen und Personen in einem sehr komplexen Zusammenspiel *aller* Sinne. So sind das Hören, Fühlen (direkt), Empfinden (indirekt) und Riechen in unterschiedlichem Grad an der Wahrnehmung und intuitiven Einschätzung der Lage beteiligt. Dementsprechend heißt es auch: *»Die Intuition erwächst aus dem, was von einer Minute zur anderen geschieht. Sie ist nichts anderes als bewußte Wachsamkeit, wenn sich die Sinne auf die Wahrnehmung [...] konzentrieren.«*[11]

Mit Ausnahme des Sehens und des Hörens sind diese körperlichen Prozesse in ihrer Gesamtheit häufig nicht bewußt.[12] Es ist jedoch außerordentlich wichtig, den Mädchen diese Abläufe verständlich zu machen, weil darin auch ein Teil ihrer Fähigkeiten liegt, mit Hilfe derer sie zu einer Beurteilung von anderen Menschen, Orten und Situationen gelangen. *Je bewußter und klarer die Wahrnehmung, umso eindeutiger kann situationsangemessen gehandelt werden.*

An dieser Stelle wird wiederum ein starker Bezug zum individuellen Körper-Ich hergestellt. Ein klares Bewußtsein über die vorhandenen Wahrnehmungsprozesse fördert die Mädchen in der Akzeptanz eigener Gefühle und bei der Umsetzung in ein selbstbestimmtes Handeln. Angst muß nicht weiter ein lähmendes Gefühl sein, sondern ist unter dieser Voraussetzung eine Reaktion, welche zur aktiven Gegenwehr auffordert. So entsteht die *»Kombination von bewußter Wachsamkeit - Intuition - und Bereitschaft, im richtigen Moment zu handeln - Willenskraft -, (die) jeder erfolgreichen Selbstverteidigung zugrunde liegt.«*[13]

Mittlerweile gibt es eine Vielzahl von Übungen und Spielen zur Wahrnehmungssensibilisierung. Der weitreichende Einsatz solcher Spiele im gesamten pädagogischen Bereich ist auf dem Hintergrund zunehmender Wahrnehmungsstörungen bei Kindern/Jugendlichen insgesamt zu erklären. Dieser Anstieg ergibt sich u.a. aus einer zunehmend mediatisierten Umwelt und vorhandenen gesellschaftlichen Konflikten.

Im Hinblick darauf, daß der Bereich des Sehens während der Thematisierung von Körpersprache bereits ausgiebige Berücksichtigung gefunden hat, werden nun Spiele bevorzugt, die diesen Sinn ausschalten. Dies läßt zum einen die Konzentration auf die anderen, bislang zum Teil vernachlässigten Sinne zu. Zum anderen können die Mädchen in dem sich anschließenden Austausch gut überprüfen, welche Momente mehr oder weniger stark Angst auslösen. Diese werden im nächsten Schritt aufgegriffen, um gemeinsam nach passenden Reaktionen zu suchen. Auch wird der Blick auf die Unterschiedlichkeit zwischen Fremdwahrnehmung im Sinne von *ein Mädchen ist im Dunkeln am stärksten gefährdet* und Eigenwahrnehmung gelenkt.

Bevor ich beispielhaft zwei sehr beliebte Spiele beschreibe, möchte ich noch zwei Hinweise geben, von denen der erste auch an die Mädchen geht:

Beim *Blind führen* ist es *absolut erforderlich*, daß die Führende die Verantwortung für die Sicherheit der Geführten trägt. Sie muß ihre Aufmerksamkeit und Konzentration sehr genau darauf richten, wie und wo sie ihre Partnerin hinleitet. Dies gilt insbesondere für Stellen wie Türrahmen, Stufen und andere Hindernisse. Nur unter dieser Voraussetzung ist es der Geführten möglich, sich gänzlich auf das eigene Empfinden und das Wahrnehmen von Räumen und Personen einzulassen.

Hin und wieder gibt es Mädchen, die das Tuch so binden, daß sie noch ein wenig gucken können. Ich denke, daß eine Übungsleiterin dies auf jeden Fall (und still) respektieren sollte und zwar aus dem folgenden Grund: Sie muß sich dessen bewußt sein, daß Mädchen ganz reale Gründe haben (können), die Dunkelheit zu fürchten, vor allem wenn sie sexuelle Gewalterfahrungen zur Nachtzeit erleben/erlebt haben. Das Hinschauen der Mädchen *kann* ein absolut verständlicher und zu respektierender Schutzmechanismus sein, um nicht in Panik und Hilflosigkeit zu verfallen. Hierbei handelt es sich um eine mögliche Interpretation des Verhaltens, dem aber durchaus andere Ursachen zugrunde liegen können. Insofern darf in einem entsprechenden Fall keine Zuschreibung per se erfolgen. Ich selbst habe diese Beobachtung bei Mädchen gemacht, deren sexueller Mißbrauch mir vor Kursbeginn bekannt gewesen ist. Im weiteren Verlauf waren es jedoch genau diese Übungen, die sie immer wiederholen wollten. Zunehmend war zu beobachten, daß die Mädchen sich entspannter darauf einließen.

Spiel 1: *Blind führen*
Die Mädchen finden sich paarweise zusammen. Eine verbindet ihre Augen und legt eine Hand von hinten auf die Schulter ihrer Partnerin. Die Sehende führt die Blinde nun durch die vorhandenen Räume und auch nach draußen. Damit die Blinde nicht von ihren Empfindungen abgelenkt wird, darf nicht gesprochen werden. Einzige Ausnahme: die Geführte wünscht ein anderes Tem-

po. Hindernisse werden durch Berühren an dem Körperteil signalisiert, welches sonst auf das Hindernis stößt, zum Beispiel weist das Antippen der Füße auf ein Hindernis am Boden hin. Ein Rollenwechsel sollte frühestens nach 10 Minuten erfolgen.

Das Ende kann derart gestaltet werden, daß die Übungsleiterin zunächst alle in den zentralen Raum zurückleitet und dann die Führenden auffordert, an irgendeinem Platz stehen zu bleiben. Die Blinde überlegt nun, wo sie mit welcher Blickrichtung steht. Anschließend nimmt sie die Augenbinde ab.

Spiel 1: *Mimi*

Dieses Spiel heißt im Original *Goofy* (eine männliche Disneyfigur), so daß sich der Name *Mimi* (die weibliche Disneyfigur) in einer Mädchengruppe anbietet.

Die Mädchen bewegen sich mit verbundenen Augen im Raum und sollen Mimi finden. Die Übungsleiterin bestimmt heimlich ein Mädchen zur Mimi, welches sich nun einen Platz sucht, an dem sie stehen bleibt. Sie kann sehen, darf aber nicht sprechen. Sobald ein Mädchen auf ein anderes trifft, muß sie fragen *Mimi?* Bekommt sie ein fragendes *Mimi* zur Antwort, hat sie Mimi nicht gefunden. Erfolgt keine Antwort, hat sie Mimi gefunden, kann ebenfalls die Augen öffnen, hakt sich unter, und ist nun auch zur Mimi geworden. Das Spiel endet, wenn alle Mädchen untergehakt beieinander stehen, und alle zur Mimi geworden sind.

Gute und schlechte Berührungen

Dieses Thema geht insofern über die vorhergehenden Inhalte hinaus, als es explizit Berührungen durch Personen aus dem Nahbereich aufgreift: Mutter, Vater, Schwestern, Brüder, Freundinnen, Freunde, Verwandte und auch LehrerInnen. Es gilt die Berührungen herauszubekommen, die eindeutig angenehm oder unangenehm sind und die, welche diffuse 'komische' Gefühle auslösen. All diese Berührungen anzusprechen, verhilft den Mädchen ihre Empfindungen klarer und bewußt wahrzunehmen. Gleichzeitig lernen sie zu unterscheiden, was ist 'normal' zwischen Erwachsenen und Kindern oder Jugendlichen, und wo ist eine klare Grenze zu ziehen.[14] Eine solche Differenzierung kann Mädchen zu einer genaueren Einschätzung ihrer persönlichen Gefühle verhelfen. Ziel des Themas ist es, die Eigenwahrnehmung von Berührungen von der Fremdwahrnehmung zu unterscheiden. Dies sind beispielsweise Umarmungen, die von den Mädchen als unangenehm empfunden, von Erwachsenen jedoch als Normalität eingefordert werden. »Der meint das doch nur gut«, oder »Das ist doch nur freundlich gemeint« und »Sie hat dich eben lieb« – dies sind Wertungen, die unter Umständen konträr zu den Gefühlen der Mädchen stehen. Auch werden Situationen aufgegriffen, in denen keine Eindeutigkeit der Gefühle existiert und entsprechend dazu auch keine Klarheit im Verhalten. Hierbei handelt es sich um Situationen, in denen zwar grundsätzlich eine Berührung erwünscht ist, die Art und Weise ihrer Ausführung jedoch nicht mit den Bedürfnissen übereinstimmt, zum Beispiel ein zu harter und drängender Körperkontakt.

Das Herausarbeiten von guten und schlechten Berührungen auf dem Hintergrund der sie vollziehenden Personen reicht allein nicht aus, um dieses Thema zu bearbeiten. Zu groß ist das Risiko, daß die Mädchen unter dem Eindruck dementsprechend unangenehmer Gefühle die Stunde beenden. Insofern ist ein Einstieg in das Thema empfehlenswert, der von vornherein die Verbindung zu einer Lösungsstrategie herstellt, mittels derer nicht erwünschte Berührungen zu verhindern sind. Dies geschieht beispielsweise im Vorlesen der Geschichte *Melanie und Tante Knuddel*.[15] Darüberhinaus übernimmt der Gesprächskreis an diesem Punkt zwei wesentliche Funktionen:

1. Er führt insofern eine emotionale Entlastung herbei, als die Mädchen erkennen, daß ihre unangenehmen Gefühle kein individuelles Problem darstellen. Auf dieser Grundlage sind solidarische Überlegungen um Lösungsstrategien möglich.

2. Das Gespräch ermöglicht es den Mädchen, geschlechtsspezifische Strukturen besser zu durchschauen.

Letztere Bedeutung erlangt die Auseinandersetzung sicherlich dort, wo die Mädchen eine Unterscheidung vornehmen, von wem – ihrem persönlichen Eindruck nach – welche Berührungen vorgenommen werden dürfen. Ich meine jedoch, daß weitergehend die folgende Überlegung angestellt werden sollte: In der Unterscheidung, wer darf mich wie und wo berühren, kommt der Frage des Geschlechts sicher eine relativ große Bedeutung zu. An dieser Stelle halte ich es für sinnvoll, Homo- und Heterosexualität zu thematisieren, und – eventuell zu einem späteren Zeitpunkt – zu erörtern. Dies sollte zum einen die Aufklärung beinhalten, daß die lesbische Lebensform gleichwertig mit einer heterosexuellen ist. Zum anderen gilt es, die Auseinandersetzung über existierende Vorstellungen und Vorurteile und Diskriminierungen zu führen. Eine gelungene Geschichte zum Vorlesen und Mitgeben stellt in diesem Zusammenhang *Ich hab Manuela unheimlich gern* dar.[16]

Rollenspiele erlebter oder konstruierter Situationen greifen all dies auf und führen zu einer möglichen Lösung. So arbeiten Mädchen etwa folgende Erlebnisse auf:
– Ein Mitglied der Familie umarmt sie grundsätzlich in einer ihnen unangenehmen Art und Weise.
– Jemand drängelt sich im vollbesetzten Bus von hinten heran und grapscht.
– Ein Lehrer hat die Angewohnheit, sich mit Körperkontakt von hinten über die Schulter der Schülerin zu beugen.

Lesen, Sprechen und Rollenspiele benötigen sicher viel Zeit, um dem Thema insgesamt und den ganz persönlichen Erfahrungen und Gefühlen gerecht zu werden. In Ergänzung dazu, zielen Spiele darauf ab, spontan zu benennen, welche Berührungen als angenehm und schön und welche als unangenehm beziehungsweise grenzverletzend empfunden werden.

Auch ermöglicht die spielerische Form der Bearbeitung, die Dichtheit der Empfindungen zwischendurch oder am Stundenende aufzulockern. Die beiden jetzt vorgestellten Spiele bedürfen des Hinweises, daß Mädchen darauf achten sollen, sich nicht wehzutun oder zu kitzeln.

Spiel 1: *An den Haaren erkennen*
Die Mädchen stehen sich in zwei Reihen gegenüber, A und B. Dadurch bilden sich direkte Paare. Diese schauen sich nun sehr genau an. Dann schließt Reihe A die Augen, und die Mädchen der Reihe B wechseln ihre Plätze. Wenn alle wieder ruhig stehen, versuchen die Mädchen der Reihe B durch Ertasten der Haare (oder Kleidung, oder Hände etc.) ihre Partnerin wiederzufinden.

Spiel 2: *Negativ-Reaktion*
Die Mädchen bilden Paare, A und B. A steht still und schließt die Augen. In ruhigem Tempo berührt B nach und nach verschiedene Körperstellen. Ist die Berührung angenehm, so bleibt A ruhig und entspannt. Gefällt ihr die Berührung nicht, so reagiert sie mit einer Bewegung des entsprechenden Körperteiles und verharrt in der neuen Position. Eine gute Atmosphäre wird geschaffen, wenn während der Übung rhythmische Musik läuft.
In ihrer Spielerklärung gibt die Übungsleiterin zuvor den ausdrücklichen Hinweis, daß die Berührungen mit der flachen Hand und leichtem(!) Druck erfolgen sollen. Auch dürfen die Mädchen in Position B erkannte unangenehme Berührungen nicht wiederholen. Nur so kann A entspannt spüren, was ihr angenehm und was unangenehm ist.

Gute und schlechte Geheimnisse – Hilfe einfordern und geben

Geheimnisse können sehr unterschiedlicher Natur sein: spannend, kribbelnd, spaßig, aber auch angstmachend und erpresserisch.

Gute Geheimnisse können sein: Geschenke oder Gedanken und Gefühle, welche die Freundin einem anvertraut. Schlechte Geheimnisse gehen mit schlechten Gefühlen einher und können entsprechende Folgen haben:
- wenig oder kein Spaß am Spielen;
- Bauchschmerzen;
- das Essen schmeckt nicht mehr;
- Angst haben, etwas zu 'verraten';
- Angst haben, allein zu sein;
- Schuldgefühle.
Es gilt zunächst, in der Gruppe - ganz allgemein - zu sammeln, welche guten und schlechten Geheimnisse es gibt. Die Entscheidung, welche als positiv und welche als negativ bewertet werden, steht in Abhängigkeit der damit verbundenen Gefühle und Folgen für die betroffene Person. Um dem Gefühl von Ohnmacht und Hilflosigkeit angesichts schlechter Geheimnisse zu begegnen, bleibt die Zielsetzung in der Behandlung dieses Themas nicht auf die genannte, bewußte Unterscheidung beschränkt. Vielmehr wird im nächsten Schritt der Blick auf mögliche Hilfe, Unterstützung und das *Recht* auf diese gerichtet. Die Auflösung eines schlechten Geheimnisses ist zumeist nicht individuell zu lösen, zu groß ist der von ihm ausgehende belastende Druck. Bezugnehmend auf die vorherigen Lernprozesse, daß die Mädchen ihre persönlichen Grenzen wahrnehmen, behaupten und verteidigen, wird die Verbindung hergestellt, daß das Recht auf Selbstbestimmung auch für die Situation des schlechten, erpresserischen Geheimnisses gilt. Sie lernen, daß die diskriminierende Verwendung des Begriffes 'Petzen' häufig dazu dient, den Druck zu verstärken, und Scham- und Schuldgefühle auszulösen. *»Sie müssen wissen, daß es nichts mit Petzen zu tun hat, wenn man schlechte Geheimnisse erzählt. Selbst wenn man versprochen hat, nichts zu sagen, darf man über ein Geheimnis reden, welches Kummer macht.«*[17]

Auf Grundlage aller bisher stattgefundenen Gespräche und Rollenspiele wird jetzt seitens der Übungsleiterin der sexuelle Mißbrauch als ein extremes Geheimnis benannt, es sei denn, dies ist bereits seitens der Mädchen geschehen. Die Beobachtung, daß Mädchen zunehmend häufiger von selbst das Thema sexueller Mißbrauch ansprechen, ist sicherlich eine Konsequenz aus der zunehmenden Enttabuisierung familiärer sexueller Gewalt. Print- und audiovisuelle Medien dienen dabei als primäre Informationsquelle. Dies wurde in dem bereits erwähnten Gespräch beim Kinderschutzbund bestätigt.

Die Aufgabe der Übungsleiterin ist es:
- den sexuellen Mißbrauch/die Vergewaltigung als ein Ereignis darzustellen, welches viele Mädchen betrifft (evtl. weist sie darauf hin, daß sie selbst betroffene Mädchen/Frauen kennt);
- explizit die Schuld und Verantwortung des Täters zu benennen;
- das Recht, aber auch die Schwierigkeit darzulegen, Hilfe und Unterstützung zu suchen und zu finden;
- die Mädchen aufzufordern, selbst Möglichkeiten der Hilfe zu überlegen.

Eine Möglichkeit, intensiv in diese Themen einzusteigen, ist wiederum das Vorlesen einer Geschichte, wie beispielsweise *Versprich, daß du's nicht weitersagst.*[18] »*Wenn die Geschichte zuende ist herrscht Stille für ein paar Minuten und dann fallen Fragen und Antworten über [die Trainerin] hinweg ...*«.[19] Auch kann die Übungsleiterin vom Schweigen zum Gespräch überleiten, indem sie die Mädchen fragt, inwieweit sie die Lösung vorstellbar finden, und welche Ideen ihnen selbst dazu einfallen. Es kann auch dazu kommen, daß Mädchen eigene Erlebnisse schildern, wie beispielsweise die Erfahrungen mit Exhibitionisten oder Erpressungsversuche von Mitschülern. Nicht selten äußern Mädchen Verständnis und Zustimmung für das Verschweigen 'ekeliger' Erlebnisse, weil sie das Empfinden von Schamgefühlen und *Vergessen-Wollen* nachempfinden können.

An dieser Stelle möchte ich noch einmal darauf hinweisen, daß es unter Berücksichtigung der berechtigten Schutzmechanismen von Betroffenen, nicht um ein Provozieren der Aufdeckung möglichst vieler sexueller Mißbrauchssituationen geht. Ziel ist vielmehr, den Mädchen aufzuzeigen, welche Schritte grundsätzlich und vor Ort getan werden können oder müssen, wenn ein Kind beziehungsweise eine Jugendliche sich entscheidet, Hilfe einzufordern. Es *kann* jedoch passieren, daß die Übungsleiterin von einem Mädchen mit genau dieser Bitte konfrontiert wird. Insofern muß sie sich vorher sehr genau überlegen, was sie selbst in einer solchen Situation machen kann, wo ihre eigenen persönlichen Grenzen liegen, und über welche Kompetenzen und Möglichkeiten sie verfügt. In Abwägung dieser Überlegungen kann, wenn es der Bedürfnislage der Mädchen entspricht, ein sogenannter Kummerkasten eingeführt werden. In diesen können Mädchen, auch anonym, Erlebnisschilderungen einwerfen, wenn sie diese im Gesprächskreis oder Rollenspiel aufgegriffen wissen wollen.

Die *Stunde der Geheimnisse* ist insgesamt von Gesprächen und vom Rollenspiel geprägt. Abgerundet wird sie durch den Vorschlag, die Mitarbeiterin einer Hilfsinstitution, zum Beispiel Zartbitter e.V. oder dem Kinderschutzbund e.V., einzuladen. Bei entsprechend günstigen organisatorischen Bedingungen kann eine solche Beratungsstelle nach vorheriger Absprache auch aufgesucht werden.

Spiele und Übungen dienen an diesem Punkt ausschließlich dazu, dem Bewegungsdrang am Anfang Raum zu geben, und am Schluß belastende Gefühle ausschütteln zu können. An dieser Stelle möchte ich deshalb auch nur ein Spiel beschreiben.

Spiel: *Diebinnen*
Zwei Detektivinnen stehen einer Gruppe von Diebinnen gegenüber, die ihr Beutegut in Form von zwei Bällen weiterreichen (werfen). Erwischt eine Detektivin eine Diebin mit dem Ball in

der Hand, so muß diese stehen bleiben. Sie kann durch eine andere per Handschlag erlöst werden. Wenn die Kondition der Detektivinnen nachläßt erfolgt ein Rollenwechsel.

Bei diesem Spiel müssen die Diebinnen nicht nur flüchten und auf ihre eigene Sicherheit achten, sondern durch einen schnellen Ballwechsel auch für die Sicherheit der anderen sorgen.

Vorstellung einer Hilfsorganisation für Kinder und Jugendliche

Diese Stunde kann in der direkten Kooperation mit einer Beratungsstelle auf zwei Arten gestaltet werden:

1. Eine Mitarbeiterin kommt zu Besuch. Sie stellt sich und ihre Arbeit vor und macht ihr Wissen und ihre Erfahrungen transparent. Sie beantwortet die Fragen der Mädchen.

2. Die Gruppe besucht gemeinsam eine Beratungsstelle, wo sie von ein oder zwei Mitarbeiterinnen mit den Räumen und der Arbeit bekannt gemacht werden. Auch hier können sie alles fragen, was sie wissen möchten.

In beiden Fällen äußern die Mädchen viele Fragen:

- *Wer kommt zu der Beratungsstelle?*
- *Warum kommen Mädchen (Kinder) dorthin?*
- *Was passiert, wenn ein Mädchen kommt?*
- *Wer erwartet sie dort?*
- *Welche Art von Hilfe bekommen sie?*
- *Erfahren die Eltern von den Besuchen einer Beratungsstelle beziehungsweise einem Anruf dort?*

Die zweite Variante weist im Unterschied zur ersten einen entschiedenen Vorteil auf: Die Hemmschwelle, eine Beratungsstelle aufzusuchen, wird so weit als möglich herabgesetzt. Das Eintreten und Kennenlernen im Schutz der Gruppe, macht den individuellen Schritt zum Aufsuchen leichter.

Ein Unterschied in Hinsicht darauf, welche Institution oder Organisation gewählt wird, bezieht sich noch auf den inhaltlichen

Arbeitsbereich. So arbeiten manche Stellen ausschließlich mit von sexuellem Mißbrauch Betroffenen, während andere sich dem gesamten Spektrum von Problemen im Kindes- und Jugendalter widmen. Geht es also einmal konzentriert um die Strukturen und Folgen des sexuellen (Macht-)Mißbrauchs und das Recht auf körperliche Unversehrtheit, so wird in dem anderen Rahmen der gesamte Lebensalltag einbezogen und die Existenz aller Formen von Gewaltstrukturen angesprochen. Welche Auswahl getroffen wird, ist letztendlich sowohl eine Frage der Möglichkeiten und der Zusammenarbeit mit den Institutionen, als auch der Situation in der Gruppe selbst.

Ist es nicht möglich, einen direkten Besuchskontakt herzustellen, so obliegt es der Übungsleiterin, die Mädchen über entsprechende Einrichtungen und Anlaufstellen vor Ort oder in der nächst größeren Stadt aufzuklären. Dies setzt selbstverständlich ein fundiertes Wissen voraus. Die Weitergabe von an Kinder und Jugendliche gerichtetes Informationsmaterial, wie beispielsweise die Nummer des Sorgentelefons oder Aufklebern eines Mädchenkrisenhauses, vermittelt den Mädchen ein Gefühl von *etwas-in-der-Hand-haben*.

Eine von den Mädchen in aller Regel selbst genannte Anlaufstelle bedarf noch der besonderen Erwähnung: die Polizei. Im Gegensatz zu Beratungsstellen kann sie die Anonymität insbesondere gegenüber Eltern nicht gewährleisten. Aufgrund ihrer Aufgabenstellung ist die Zielsetzung zudem ein aktives Eingreifen, welches nicht zwangsläufig mit der Bedürfnislage eines Opfers übereinstimmt. Meines Erachtens sollte bei der Frage »*gehe ich zur Polizei, ja oder nein?*« ein genaues, aber behutsames Abwägen des Pro und Contra stattfinden. Die Begleitung eines solchen Schrittes durch eine Vertrauensperson (und die Akzeptanz dessen durch die Polizei!!!) befinde ich für absolut notwendig. Zu oft haben sich in der Vergangenheit Mädchen (und Frauen) in einer Situation der Überforderung wiedergefunden. Leider muß an dieser Stelle auch festgehalten werden, daß Mädchen (und Frauen) nach wie vor immer wieder die Erfahrung machen, in ihrer Bitte um Hilfe abgelehnt zu werden. Dies gilt insbesondere für Situationen der Beobachtung, Verfolgung und Belästigung im öffentlichen Raum. Ich denke, es ist an der Zeit, daß der Satz »*Da können wir leider nichts machen - es ist ja nichts passiert.*« endgültig gestrichen werden muß. Auch die Polizei verfügt über Möglichkeiten des *präventiven* Eingreifens! Letztendlich kann die Kursleiterin den Mädchen dazu verhelfen, eine *eigene* Entscheidung zu finden, in welchen Situationen sie die Polizei aufsuchen (würden). Ihre eigene Haltung soll in diesem Prozeß kein Wertmaßstab sein.

Unabhängig von der Art der Gestaltung, trägt diese Stunde dazu bei, daß
- Mädchen weitgehend und glaubwürdig aufgeklärt werden;
- sie bestärkt werden in ihrem Recht auf Unterstützung;
- sie eine reale Einschätzung ihrer Möglichkeiten und Strategien bekommen;
- die Isolation betroffener Mädchen unter Umständen ein Stück weit aufgebrochen wird;
- sie mehr Solidarität untereinander entwickeln.

Gerade die wachsende Solidarität untereinander ist ein wesentliches Moment, daß die Fremdwahrnehmung hinsichtlich dessen, was ein Mädchen darf, und wozu sie ein Recht hat, immer mehr in Frage gestellt wird. Die Internalisierung von Fremdbildern wird somit nicht mehr widerspruchslos als 'normal' hingenommen.

An dieser Stelle beende ich die Darstellung der Selbstbehauptung, soweit sie in einem Rahmen von 15 Unterrichtsstunden durchgeführt werden kann. Bevor ich zur Selbstverteidigung übergehe, möchte ich die in diesem Abschnitt häufig erwähnten Methoden des Gesprächskreises und der Rollenspiele erläutern. Sie werden beim Erlernen der Selbstverteidigung ebenfalls eingesetzt.

Gesprächskreise

Gesprächskreise dienen:
- der Einführung in die hier vorgestellten Themenbereiche der Selbstbehauptung und Selbstverteidigung;
- dem Erfahrungs- und Gefühlsaustausch hinsichtlich erlebter Situationen einerseits und der Durchführung von Übungen und Spielen andererseits;
- der Diskussion um mögliche und ausprobierte Lösungsstrategien;
- der Überprüfung von Selbst- und Fremdwahrnehmung.

Ganz allgemein gilt, daß jedes Mädchen, welches sich äußern möchte, auch die Gelegenheit dazu bekommt. Dies erfordert die Aufmerksamkeit der Übungsleiterin für *alle* Anwesenden, das heißt auch die Wahrnehmung und Beachtung tendenziell eher schüchterner und zurückhaltender Teilnehmerinnen. Darüber hinaus ist es manchmal wünschenswert, insbesondere bei Reflexionen, daß *jedes* Mädchen ihre Eindrücke schildert. Um dieses zu gewährleisten, ist es hilfreich, ein Kuscheltier oder einen anderen schönen Gegenstand herumzureichen. Solange dieser Gegenstand bei einem Mädchen verweilt, darf (und soll) diese ungestört sprechen. Ist sie fertig, gibt sie ihn an eine andere weiter, die sich noch nicht geäußert hat. Auch hierbei handelt es sich um eine für viele wichtige Erfahrung, daß allen Äußerungen Raum und Respekt beigemessen wird. Hemmschwellen zum öffentlichen Sprechen werden somit ebenfalls reduziert. Die Regel eines solchen Gesprächskreises fordert die Aufmerksamkeit aller und bestimmt, daß keine selbstbehauptenden Maßnahmen ergriffen werden müssen, um sich Gehör zu verschaffen. Gleichzeitig findet ein Lernprozeß des Zuhörens statt, der die solidaritätsentwickelnden Prozesse unterstützt. *Mädchen wollen sprechen und gehört werden!* Der Kommentar einer 12jährigen Schülerin, welche Bedeutung einem Gesprächskreis - und dem Vorlesen - zukommt, ist folgender: *»Es ist* *super, wenn man so eine ernste Sache mal in Ruhe und Vernunft bespricht, ...«.*[20]

Gespräche finden im Rahmen der *Themenzentrierten Interaktion* (im folgenden TZI) statt, wie sie von Ruth C. Cohn entwickelt worden ist.[21] Ich möchte hier kurz auf die wesentlichsten Aspekte zur Gruppenarbeit hinweisen. Grundlegende Struktur ist die gleichberechtigte Wertung und Wichtigkeit von Thema (Es), Person (Ich) und Interaktion (Wir) und die gegenseitige Beeinflussung dieser drei und dem Umfeld. Es, Ich und Wir lassen sich schematisch als ein gleichschenkliges Dreieck in einer transparenten Kugel, dem Umfeld, darstellen. Die Übungsleiterin stellt die Verbindung zwischen dem Thema, den einzelnen Gruppenmitgliedern und dem Gruppengefüge her. Das Umfeld beinhaltet Alltagsbedingungen und -erfahrungen, die jede mit in die Gruppe bringt. Umgekehrt fließen die Lern- und Experimentierprozesse wieder in das soziale Umfeld aller mit ein.

TZI ist jedoch nicht nur eine ausschließlich den Gesprächskreisen vorbehaltene Methode, sondern vielmehr eine Haltung, die sich in allen Gruppenprozessen wiederfindet. Da die Inhalte der Gesprächskreise an den entsprechenden Stellen ausreichend Berücksichtigung finden, möchte ich nun auf eine weitere, wichtige Methode eingehen.

Rollenspiele

Die Methodik des Rollenspiels ermöglicht es, angstbesetzte Situationen im geschützten Raum der Gruppe aufzuarbeiten, Strategien der Gegenwehr zu erproben und gemeinsam auszuwerten. Die Effekte des Rollenspiels ergeben sich auf verschiedenen Ebenen:

In der Opferrolle erleben die Mädchen (erneut) bewußt, welche selbst- und fremdbestimmten Gefühle und Mechanismen eine Gegenwehr beeinflussen oder auch hemmen. In der Rolle des

Täters werden die Strukturen deutlich, mittels derer er seine Macht und Dominanz bestimmt und durchsetzt. Mit Strukturen meine ich hier sowohl die direkten körpersprachlichen Mittel und verbalen Äußerungen, als auch Situation und Bekanntheitsgrad der belästigenden oder angreifenden Person.

Die Mädchen übernehmen im Rollenspiel abwechselnd die aktive, spielende Position und die der Beobachterin ein. Die Auswertung beider Rollen führt zu einer Überprüfung von Selbst- und Fremdwahrnehmung: Körpersprache, Stimme, Selbstverteidigungsstrategien...; alle Aspekte, die die Situation beeinflussen, werden von den 'Betroffenen', den 'Tätern' und den Beobachterinnen auf ihre Wirkung hin überprüft. Die sichtbare und gefühlte Erfahrung, daß ein bewußtes Wahrnehmen von Bedrohung und Grenzüberschreitungen und eine daraus erfolgende konsequente Gegenwehr nicht Schuld und Scham sondern ein überwiegend gutes Selbstwertgefühl hervorrufen, motivieren zu einer Verhaltensänderung hinsichtlich effektiver Reaktionsmuster, wie zum Beispiel:
- dem Einsatz einer klaren, lauten Stimme;
- dem Standhalten von Blicken und bewußtem Blickeinsatz;
- einer ellbogenbewußten und sicheren Haltung.

Die Entscheidung, ob real erlebte oder konstruierte Situationen gespielt werden, hängt in erster Linie von der Situation der Gruppe ab. Die Festlegung auf eine Art und die Anzahl der Spiele orientieren sich an den Äußerungen und Bedürfnissen der Mädchen und der Gruppendynamik. Ebenso kann die thematische Vorgabe einen Einfluß darauf haben.

Der Einsatz von Rollenspielen verlangt von der Übungsleiterin spezielle Kompetenzen, die sie sich in entsprechenden Aus- bzw. Fortbildungen erworben haben soll. Insbesondere muß sie in der Lage sein:
- eine qualitative Beurteilung des Spieles durch die 'Zuschauerinnen' zu unterbinden und
- sich durch die Eigendynamik des Spiels eventuell entwickelnde Grenzverletzungen zu verhindern.

Darüberhinaus ist darauf zu achten, daß für aus dem Spiel resultierende Gespräche genügend Zeit zur Verfügung steht.

Die Inhalte der Selbstverteidigung

Das Erlernen von Techniken zur Selbstverteidigung ist eine der großen Erwartungen, mit denen die Mädchen den Kurs beginnen: *»Was ist, wenn mich jemand im Schwitzkasten festhält, was ist, wenn mich jemand auf dem Nachhauseweg überfällt, was ist wenn...?«* Es gehört zu den Aufgaben der Übungsleiterin, mit den Mädchen - im Sinne der Selbstbehauptung - Fähigkeiten aufzubauen, grenzverletzende und bedrohliche Situationen frühzeitig zu beenden. Es kann aber auch nicht darüber hinweggetäuscht werden, daß es Übergriffe und Angriffe gibt, in denen die zuvor beschriebenen Strategien nicht mehr einsetzbar oder unzureichend sind. Ein alltägliches Beispiel sind die zunächst spielerisch kämpferischen Rangeleien zwischen Jungen und Mädchen, die dann zunehmend an Ernst gewinnen, wenn das Mädchen sich nicht 'kleinkriegen' lassen will: Machtkampf auf dem Schulhof.

Doch trotz aller Bedürfnisse, über körperliche Mittel der Gegenwehr verfügen zu wollen, sind die Mädchen zunächst gleichermaßen skeptisch, inwieweit es diese für sie überhaupt geben kann. Ihre vor allem zu Beginn der Kurse hervortretenden Widersprüche sind Resultat der mädchenspezifischen Sozialisation, aber auch ihrer sozialen Handlungskompetenzen:

- Aggressivität und körperliche Gewalt lehnen Mädchen häufig ab, sowohl von seiten anderer als auch für sich. Wenn die Vorstellung sich zu wehren auch attraktiv ist, so lehnen sie es doch gleichermaßen ab, jemandem anderen weh zu tun.
- Ein 'kämpferisches' Mädchen entspricht nicht dem herkömmlichen Bild eines 'richtigen' Mädchens.
- Mädchen sind zunächst sehr skeptisch ob der Vorstellung, einem Jungen oder Mann in Gefahrensituationen überlegen sein

zu können. Zu stark sind die internalisierten Bilder vom schwachen Geschlecht. Die Mechanismen der *self-fulfilling-prophecy* lassen sie bereits seit Jahren immer wieder unterliegen.

In einem Gesprächskreis werden diese Widersprüche und Bilder aufgegriffen. Gemeinsam wird mit den Mädchen herausgearbeitet, daß die körperliche Gegenwehr eine *Reaktion* auf Aggressivität ist, somit also nicht im Widerspruch zu ihren sozialen Handlungskompetenzen darstellt. Jedes Mädchen bekommt »*die Möglichkeit, Gewalt und Selbstverteidigung für sich selbst zu definieren und ihre Grenzen abzustecken.*«[22]

Grundsätzlich gilt, daß Selbstverteidigungstechniken das *äußerste* Mittel der Gegenwehr sind. Sind Mädchen jedoch gezwungen, diese anzuwenden, um sich vor Verletzung und Vergewaltigung zu schützen, so liegt der Schmerz des Gegners nicht in ihrer Verantwortung: Er ist es, der ihr Recht auf körperliche und seelische Unversehrtheit nicht akzeptiert hat.

Der erste Schritt, dem internalisierten Bild der körperlichen Unterlegenheit zu widersprechen, geschieht mit dem Zerschlagen des Brettes. Anhand dieser Übung lassen sich gut einige Grundprinzipien der Techniken erklären: Entschlossenheit (Wille), Mut und Zielgenauigkeit. Letzteres heißt, daß nicht das Hindernis - zum Beispiel festgehaltene Hände -, sondern primär das freie Ziel - wie etwa die Beine des Gegners - ins Auge gefaßt wird.

Unerläßlich ist das Gespräch mit den Mädchen über ihre Vorstellungen, ob ihre aktive Gegenwehr nicht eine weitere Provokation darstellt, die den Angreifer zu noch größerer Aggression veranlaßt. Hier gilt es gleichermaßen das Wissen der Trainerin um den gegenteiligen Effekt verständlich zu machen, als auch die Mädchen aufzufordern, sich anhand täglicher Erlebnisse die Wirkung selbstbewußten Auftretens zu verdeutlichen.

Die einführenden Gespräche verdeutlichen die Grundlagen der Trainerin und ermutigen die Mädchen in ihrem Gefühl, sich trotz aller vorhandenen Widersprüche wehren zu *wollen*. Wie sie dies können, wird nun im folgenden dargestellt.

Die Schwachstellen

Nicht alle Stellen am Körper sind gleich empfindlich. So sind beispielsweise Oberschenkel und -arme sehr muskulös und durch Fett- und Bindegewebe einigermaßen geschützt. Nase, Augen und auch die Füße sind hingegen nicht nur schmerzempfindlich sondern auch leicht zu verletzen. Ein Tritt vor das Schienbein oder ein Schlag in die Hoden ist sehr schmerzhaft, löst in aller Regel aber keine weitreichenden Verletzungen aus. All diese Körperstellen werden systematisch auf dem Hintergrund vorgestellt, wie und womit sie gut zu treffen sind, und welche Verletzungen möglicherweise auftreten können. Dies ist nicht zuletzt eine Frage der Schnelligkeit, mit der getreten oder geschlagen wird. Das Wissen um die empfindlichen Stellen eines Gegners ist wichtig, damit:

- die Mädchen das Bild des überlegenen Angreifers nach und nach ablegen;
- sie eine Vorstellung davon bekommen, daß sie unabhängig von Alter, Größe und Geschlecht jemanden konsequent abwehren können;
- sie zwischen Kampfsport und anwendbarer Selbstverteidigung unterscheiden lernen.

Das Wissen um die Schwachstellen ist Grundlage für das Einüben der unterschiedlichen Techniken.

Schlag- und Trittechniken

Schläge und Tritte eignen sich zur Einleitung einer folgenden Befreiungstechnik, zur direkten Befreiung aus einem Griff, oder zum Nachsetzen, um eine mögliche Verfolgung auszuschließen. Mit ihnen werden bewußt die Schwachstellen des Gegners getroffen. Im ersten Fall lösen sie eine Schockwirkung aus, das heißt durch den Schmerz ist der Angreifer abgelenkt und irritiert. Wird ein Mädchen beispielsweise an den Händen festgehalten und tritt kräftig zum Schienbein, so bewirkt sie damit in aller Regel zumindest eine Lockerung des Griffes. Je nach Reaktion des anderen - lockern oder lösen des Griffes - ist die Situation damit beendet oder erfordert eine weitere (Befreiungs-)Technik.

Schläge oder Kniestöße in den Genitalbereich eines Mannes oder Jungen machen diesen schnell kampfunfähig und können auch zu Bewußtlosigkeit führen. Egal wie groß und stark jemand ist, hier ist er auf jeden Fall für jedes Mädchen angreifbar. Verletzende Schläge zum Gesicht gelten als harte Techniken und sind entsprechend bedrohlichen Situationen vorbehalten. Eine solche stellt zum Beispiel ein Würgeangriff dar.

In dem Fall, daß ein Mädchen nach erfolgter Befreiung vom Angreifer, sich in Sicherheit flüchten muß, ist es sinnvoll, daß sie einen abschließenden Schlag oder Tritt so ausführt, daß der Angreifer nicht mehr folgen kann. In einer Situation von Angst und Panik, ist Rennen eine zusätzliche extreme Belastung. Durch die Vermeidung einer Verfolgung, wird ein kraftraubender Wettlauf vermieden.

Das Einüben von gezielten Schlägen und Tritten bedarf keiner langen Zeit und ist auch für Ungeübte recht leicht. Es ist jedoch Wert darauf zu legen, daß die Mädchen ihre Partnerinnen nicht wirklich treffen. Um sie dennoch die Kraft ihrer Hände, Ellenbogen, Knie und Füße spüren lassen zu können, ist das Ausprobieren an Schlagkissen von großem Vorteil. Dabei können sie auch vorhandene Gefühle von Wut und Frustration herauslassen. Es ist gerade diese Wut, die ihnen Kraft verleiht, und im Fall eines realen Angriffes ihre Hände und Füße zu Waffen werden läßt. Darüber hinaus verdeutlicht ihnen das Herauslassen ihrer Wut und die Umsetzung in körperliches Agieren, wie im Gegenteil die Unterdrückung solcher Gefühle zur Entstehung und Festigung (weiblicher) Schwäche beiträgt. Ein weiterer Effekt der Selbstverteidigung ist das Entdecken von der vorhandenen körperlichen Kraft und infolgedessen ein stark erhöhtes Vertrauen in die eigene Stärke. Dieses Selbstbewußtsein äußert sich dann in Situationen von Anmache und Belästigung auch im körpersprachlichen Ausdruck.

Die hier aufgeführten Erfahrungen und Konsequenzen gelten auch für alle weiteren Maßnahmen der körperlichen Gegenwehr.

Befreiungstechniken

Neben den Schlag- und Trittechniken, gibt es Möglichkeiten zur Befreiung, die auf Verlagerungen von Gewicht und Körperschwerpunkt basieren, oder die sich eine Hebelwirkung auf verschiedene Körperstellen zunutze machen. Diese Techniken verlangen grundsätzlich mehr Zeit und intensive Konzentration zum Erlernen. Wenn sie auch äußerst wirkungsvoll sind, müssen sie sehr genau hinsichtlich ihrer Anwendbarkeit gegenüber einem größeren Gegner überprüft werden. Es ist nicht nötig, den Mädchen eine möglichst große Vielfalt von Befreiungstechniken zu vermitteln. Wichtig ist, daß sie angemessen sind und genügend Zeit vorhanden ist, sie immer wieder zu üben.

Eingesetzt werden diese Techniken, wenn die Position der Festgehaltenen/Umklammerten so ungünstig ist, daß ein Schlag oder Tritt nicht zielgenau eingesetzt werden kann, oder aus sonstigen Gründen nicht zur Befreiung ausreicht.

Es sind genau diese Techniken, die für Mädchen hilfreich sind, sich im Alltag aus unerwünschten Griffen zu befreien. Schwitzkasten, 'Muckireiten' (der Junge sitzt rittlings auf dem Mädchen und drückt ihre Oberarme mit den Knien auf den Boden) und von hinten 'geklammert' zu werden sind einige solcher typischen Situationen. Dem gezielten, von Situationen losgelösten Einüben von Befreiungstechniken folgt häufig die direkte Übertragung in erlebte Situationen in Form von kurzen Rollenspielen. Nicht selten habe ich es auch erlebt, daß die folgende Stunde, mit *Erfolgsberichten* von Mädchen begann.

Abwehrtechniken

Unter diesen Begriff fallen all die Techniken, mittels derer ein begonnener Angriff noch im letzten Moment gestoppt oder abgelenkt werden kann. Dabei ist darauf zu achten, daß die Abwehrende in eine Position gelangt, die ihre eigene Sicherheit berücksichtigt und einen eventuell notwendigen Gegenangriff gestattet. Zurückweichen ist eine ganz normale Reaktion, sie beendet einen ernsten Angriff jedoch nicht. Eine Wand oder Straße kann zudem ein solches Zurückweichen unmöglich machen. Insofern sind die Stellung und ein Haltungswechsel unbedingt bei einer Abwehrtechnik miteinzubeziehen. Auch muß bei ihrem Einsatz berücksichtigt werden, womit sie durchgeführt wird, um eine eigene Verletzungsgefahr durch die Wucht des Schlages oder Trittes auszuschließen.

Abwehr und Gegenwehr werden immer in Kombination geübt. Dies fördert die Reaktionsschnelligkeit und die konsequente Ausführung einer körperlichen Gegenwehr.

Über einen abwehrenden Tritt oder Block mit den Armen hinausgehend, können auch Methoden wie beispielsweise das Aufplustern bei Umklammerungen zur Abschwächung eingesetzt werden.

Alle drei hier aufgeführten Bereiche lassen sich in der Kombination gut auf die folgende Art einüben: Ein Mädchen steht im Kreis und wird von jeder anderen Teilnehmerin je einmal angegriffen. Da sie nicht weiß, welcher Angriff erfolgen wird, ist sie gefordert, ohne langes Nachdenken zu reagieren. Grundsätzlich soll sie in der Form reagieren, daß ihre Abwehr dem Gegner keine Möglichkeit mehr läßt, erneut anzugreifen. Dies erfordert von ihr drei Schritte: Abblocken oder Schocken - Befreien Gegenangriff. Diese Methode fördert die Spontanität und läßt die Mädchen herausbekommen, welche Mittel der Selbstverteidigung ihren individuellen Stärken am meisten entsprechen.

Das Einüben der Techniken insgesamt erfordert sehr viel Disziplin von den Mädchen, um ihre Partnerin und auch sich selbst nicht zu verletzen. Es liegt in der Verantwortlichkeit der Übungsleiterin, daß dieses Prinzip strikt eingehalten wird. Auch ist es ihre unverzichtbare Aufgabe, den Mädchen zu vermitteln, daß der Erwerb von Selbstverteidigungstechniken *nicht* dazu dienen darf, nun ihrerseits unverantwortlich mit ihrer körperlichen Stärke umzugehen. Das heißt: Techniken der Kampfkunst sind und bleiben das *letzte* Mittel der Verteidigung. Sie dürfen nicht dazu benutzt beziehungsweise mißbraucht werden, anderen ungerechtfertigt Angst zu machen oder zum Durchsetzen einer – sozial unverträglichen – Machtposition. Ein solches Verhalten ist in Situationen von Auseinandersetzungen und auch während 'spielerischer' Rangeleien häufig bei den 'starken' Jungen zu beobachten. Gefördert wird ein dementsprechender Umgang sowohl durch ein unkritisches Trainerverhalten im Bereich der verschiedenen Kampfsportarten als auch durch Fernsehsendungen, die Gewalt ästhetisieren, ihre tatsächlichen Konsequenzen unterschlagen und einen hohen Nachahmungseffekt auslösen.

Das Ausprobieren von körperlicher Kraft und Stärke bedarf neben dem disziplinierten Training eines weiteren Raumes, um sich spielerisch auslassen zu können. Dies geschieht bei Übungen und Spielen, die den kämpferischen Aspekt betonen.

Raufen, Toben, Kämpfen

Diese drei Elemente finden sich bereits in vielen Aufwärmspielen wieder. Explizit in den Mittelpunkt gerückt erhalten sie eine zusätzliche Bedeutung. Körperliche Auseinandersetzungen sind den Mädchen vorwiegend als etwas 'typisch männliches' bekannt, sei es indem die Jungen mit- oder gegeneinander kämpfen, sei es, weil sie die Erfahrung machen, bei Kloppereien den Jungen, Brüdern wie Schulkameraden, unterlegen zu sein. Miteinander raufen gehört sich zudem für ein 'richtiges' Mädchen nicht. Von daher fehlt ihnen die Erfahrung, über welche Kräfte sie tatsächlich verfügen, wenn es ihnen 'gestattet' ist zu kämpfen, und sie die Zuweisung der körperlichen Schwächeren nicht mehr akzeptieren.

Raufen, kämpfen, toben »*sind ein Anlaß, vielleicht zum ersten Mal zu erproben, was Mädchen eigentlich können, was sie an sich und anderen mögen oder ablehnen, zu fragen nach dem Warum ...*«[23] Der bereits beschriebenen Angst vor dem Austesten der Grenzen eigener körperlicher Kraft wird im Kurs insofern Rechnung getragen, als es beim Kämpfen die folgende Regel zu beachten gilt: Jede setzt ihre Kraft so ein, daß sie *keine* Verletzungen oder Demütigungen bei der anderen hervorruft! Somit sind Spucken, Kratzen, Beißen, Schlagen ausgeschlossen. Es erfolgt allerdings der Hinweis, daß sie diese Mittel im Fall eines aggressiven, körperlichen Angriffs seitens einer anderen Person sehr wohl einsetzen können. Unter Einhaltung dieses Prinzips ist es möglich, angstfrei zu kämpfen, und ein Selbstbewußtsein über das *reale* Ausmaß ihrer Kraft zu bekommen. Gleichermaßen parallel steigt der 'Mut zum Risiko', ohne daß sie ihre Identität als Mädchen aufgeben müssen.

Wenn die Aufforderung zum Kämpfen auch erst einmal ungewohnt ist, und viele zu Beginn (sehr) zurückhaltend damit umgehen, so verändert sich das doch schnell. So entwickeln Mädchen sehr schnell Spaß und Lust daran, sich selbst auszutesten, und ihre Kraft adäquat einzusetzen. Zudem erlangen ihre Geschicklichkeit, Wendigkeit, Schnelligkeit und Tricks eine enorme Aufwertung. Wichtig ist in diesem Zusammenhang auch, daß es nicht darauf ankommt, ob ein Mädchen dick oder dünn, groß oder klein, sportlich oder unsportlich ist. Beispielsweise ist ein kleines Mädchen oftmals wendiger, während ein dickes Mädchen ihr Gewicht einsetzen kann. So lernen die Mädchen, daß tatsächlich *jede* über Qualitäten verfügt, die zwar *unterschiedlich* sind, aber nicht in einen wertenden Vergleich gestellt werden müssen.

Beim Kämpfen zu zweit suchen sich Mädchen zudem in aller Regel eine 'gleichwertige' Partnerin, das heißt eine von der sie wissen oder vermuten, daß ihre Kräfte und Stärken, aber auch ihre Lust am Kämpfen sich ähnlen. Eine solche Partnerinnenwahl stellt die für jede individuell angemessene Herausforderung dar.

Auch werden die Resultate des Abbaus von Hemmungen, Angst-reduzierung, der (Neu-)Entdeckung eigener Kraft und Stärke, und eines allgemein gesteigerten Selbstbewußtseins nicht getrübt durch eine hierarchische Position der Über- und Unterlegenheit.

Die Bedeutung des Kämpfens liegt nicht ausschließlich in dem lustvollen *Miteinander-Ringen*, sondern in der Steigerung des Selbstbewußtseins in der Kombination mit den Erfahrungen von Taktik, Stimme und Blickkontakt.

Die folgenden zwei Anleitungen zum Kämpfen und Toben unter-scheiden sich dahingehend, als es sich bei dem einen um einen – geregelten – ausschließlichen Kampf zu zweit handelt, während bei dem anderen der spielerische Aspekt betont wird.

1. Übung: *Bodenkampf*

Zwei Mädchen sitzen Rücken an Rücken. Mit dreimaligem Klop-fen auf den Boden geben sie sich selbst das Startsignal. Nach dem dritten Aufklopfen wenden sie sich einander zu und versu-chen nun, die jeweils andere auf dem Rücken festzulegen. Keine darf eine höhere Haltung als den Kniestand einnehmen. Kratzen, beißen, spucken und kneifen sind ebenfalls nicht erlaubt.

2. Übung: *Das Inselspiel*

Es werden zwei Gruppen gebildet. Eine befindet sich auf der Insel (einem fest abgesteckten Raum), die andere umkreist diese Insel. Beide Gruppen möchten gerne größer werden, aber keine will freiwillig die eigene verlassen. So versuchen sie sich gegensei-tig herüberzuziehen. Ist ein Mädchen auf der anderen Seite gelan-det, gilt ihre Solidarität gleich der neuen Gruppe, das heißt sie agiert nun von hier aus. Die Teilnehmerinnen können dabei in Einzelaktionen 'handgreiflich' werden, als sich auch mit anderen zusammenschließen. Auch kann einem angegriffenen Mädchen geholfen werden. Das Spiel endet, wenn eine gesamte Gruppe die Seite gewechselt hat.

Alle bis zu diesem Punkt behandelten Themen, Inhalte und Methoden stellen den Verlauf einer komplexen Kursphase dar. Jede einzelne Stunde hat darüber hinaus einen eigenen Anfang und ein eigenes Ende. Auf die entsprechende Gestaltung möchte ich nun eingehen und runde damit dieses Kapitel ab.

Anfang und Ende der Übungseinheiten: Ankommen und Weggehen

Ein guter Anfang und ein gutes Ende der Stunden beeinflussen auf ganz eigene Art die Stimmung jeder einzelnen und der gesamten Gruppe.

Ein gelungenes Ankommen ist deshalb so wichtig, damit die Mädchen sich lösen können von dem, was sie den ganzen Morgen in Anspruch genommen und beschäftigt hat, und um die Konzentration auf das Thema, die Gruppe und sich selbst zu lenken. Ein guter Anfang beinhaltet zwei Forderungen: Ruhe, damit alle Gedanken und Gefühle auf das Hier und Jetzt gelenkt werden; Bewegung, um dem Drang nachzukommen, sich auszutoben und Spannungen abzuschütteln. Wichtig ist auch der Aspekt einer geringeren Verletzungsgefahr, deren hauptsächliche Ursache in Unkonzentriertheit und Müdigkeit liegt.

Ein solches Ankommen ist dementsprechend in zwei Abschnitte gegliedert. Zunächst setzen oder knien sich die Mädchen in einen Kreis. Jede achtet darauf, daß sie den ihr angemessenen Abstand zur Nachbarin einhält. Alle schließen sodann die Augen, konzentrieren sich auf ihre Atmung und lenken dann die Gedanken auf die kommende Stunde. Mädchen in dieser Altersgruppe fällt eine solche meditative Runde zunächst recht schwer. Dies äußert sich im Kichern und Hin- und Herzappeln. Die Erfahrung zeigt jedoch, daß sie zunehmend lernen, diese oder ähnliche Übungen zu schätzen. Da jede der Gruppe an diesem Punkt gefordert ist, und das Ungewohnte zum Gewohnten wird, verschwinden die zuerst vorhandenen Peinlichkeitsgefühle. Es wäre sicherlich spannend, diese Beobachtung einmal unter dem Aspekt der - gewohnten - Ritualisierung zu betrachten und darüber hinaus, welches Körpergefühl aus einer derartigen Konzentration auf sich selbst resultiert.

Die unmittelbare Wirkung eines derart gestalteten Anfangs ist, daß die Mädchen mit all ihren Sinnen *in* der Halle und beim Stundenthema sind.

Die nun folgenden Aufwärmspiele sind ebenfalls unter verschiedenen Gesichtspunkten zu betrachten:

- Sie dienen der Auflockerung und der Muskelerwärmung.
- Zuvor aufgebaute Körperspannungen können in vielfältigen Bewegungen reduziert werden.
- Aufwärmspiele müssen nicht immer, können aber sinnvoll einen thematischen Bezug zur Stunde haben.
- Aufwärmspiele berücksichtigen die Prinzipien feministischer Bewegungsarbeit.

Ritualisierte Spiele und der gemischtgeschlechtliche (Schul-)Sport berücksichtigen nur unzureichend die Bewegungsbedürfnisse der Mädchen. Zudem verfolgen beide das Motto höher - schneller - besser. Aufwärmspiele, die nach den Prinzipien der feministischen Bewegungsarbeit gestaltet werden, unterscheiden sich grundlegend davon: Sie geben *jedem* Mädchen die Möglichkeit raumeinnehmender Bewegung. Dabei ist jede entsprechend ihres *individuellen* körperlichen Könnens gefordert. Nicht Konkurrenz ist gefragt, sondern Maßstab für die spielerische Leistung ist die Einzelne selbst. Natürlich fordert nicht jedes Spiel 'Leistung'. Es kann aber nicht darüber hinweg gegangen werden, daß vielen Mädchen eben auch der Wettkampf Spaß macht. Dieser Tatsache muß in der Auswahl und Zusammensetzung der Spiele Rechnung getragen werden. Jedoch wird hauptsächlich darauf abgezielt, den Mädchen eine Haltung zu vermitteln, Spaß an der *gemeinsamen* Bewegung zu haben - unabhängig von Größe und übergeordneten Leistungsprinzipien. Raum einnehmen und Lust an der Bewegung zu empfinden, ohne daß Grenzen anderer überschritten werden, ist ein Prinzip und Ziel, welches schnell von den Mädchen angenommen wird. Eine Ursache dafür darf wohl in der sich vom herkömmlichen Spiel und Sport unterscheidenden Erfahrung zu sehen sein.[24] Zudem fördert es akzeptable soziale Handlungskompetenzen, wie zum Beispiel Stärke zulassen, ohne sie aggressiv und zur Erlangung einer Machtposition gegen jemand anders zu benutzen.

Zu den Spielen ist zu sagen, daß sie nicht nur zu Stundenbeginn eingesetzt werden. Sie erfreuen sich einer großen Beliebtheit und werden auch zwischendurch eingefordert, insbesondere wenn die Konzentration nachläßt, Spannungen im Raum existieren, oder das Ende eines Themas erreicht ist oder gewünscht wird. Gleichermaßen kann auch auf Vorschlag der Übungsleiterin ein Spiel zwischengeschaltet werden, wenn sie den Eindruck hat, daß es zur Entlastung sinnvoll ist. Darüber hinaus können Spiele am Ende eingesetzt werden, so daß sie die Gruppenstunde abrunden. Es ist wichtig, daß jede mit einem klaren Gefühl von Beendigung den Raum wieder verlassen kann. Das Übertragen und Ausprobieren gelernter Strategien gehört in entsprechende Situationen hinein, jedoch sollten Mädchen nicht unter dem Eindruck der Stunde nach draußen gehen und sich diese Situationen suchen. Auch kann der Alltag in krassem Widerspruch zur Gruppe und ihrer Atmosphäre stehen, so daß den Mädchen eine klare Trennung möglich gemacht werden sollte.

Das Ende beginnt mit einer kurzen Stundenreflexion. Offene Fragen werden von der Kursleiterin beim nächsten Mal miteinbezogen. Am Schluß wird wahlweise wieder ein Kreis gebildet, wie er schon am Stundenbeginn stattgefunden hat, oder aber es kann - je nach Stimmung - eine mentale Vorstellungsübung, eine Massage oder ein Spiel durchgeführt werden.

Zu all den drei hier genannten Methoden - Spiel, Massage, mentale Übung - folgen nun Beispiele.

Aufwärmspiele

Spiel 1: *Virusfangen*
Ein Mädchen, der Grippevirus, läuft los, und versucht die Krankheit zu verbreiten. Wer nicht entkommen kann und abgeschlagen wird haftet am Virus an – die Mädchen halten sich an den Händen – und so werden weitere gefangen. Wenn sie zu viert sind, teilt sich der Virus in zwei Paare. So geht es weiter, bis alle von der Krankheit erfaßt sind.

Spiel 2: *Waschtag*
Variante 1: Jede Spielerin hat ein oder zwei Wäscheklammern an den Ärmeln (oder auf den Schultern) festgeklemmt. Da sie aber viel mehr zum Aufhängen der Wäsche benötigt, versucht sie so viele wie möglich zu ergattern, und ihre eigenen zu behalten. Jede geklaute Klammer muß sie sich vorm Weiterlaufen zunächst anstecken.
Unfaire Mittel wie Schlagen, Kratzen, Stolpern-lassen sind nicht erlaubt!

Variante 2: Kein Mädchen hat Lust, die Wäsche aufzuhängen. Damit sie auch nicht die Möglichkeit hat, versucht jede Spielerin, ihre Klammern den anderen anzuheften.

Mentale Übung

Die Mädchen setzen sich wie im meditativen Kreis mit geschlossenen Augen hin. Jede stellt sich eine Situation vor, in der sie belästigt oder angegriffen wird. Sie stellt sich nun weiter vor, wie sie diese Situation als Siegerin beendet. Ist das in ihrer Vorstellung erfolgreich durchgeführt, öffnet sie die Augen.
Es wird erst dann wieder gesprochen, wenn auch die letzte 'zurückgekehrt' ist.
Solche Übungen »*unterstützen dabei, neue Bilder von sich selbst zu entwickeln, und mit Hilfe von Vorstellungskraft zu einem selbstbewußten, positiven Grundgefühl zu kommen.*«[25]

Massage und Entspannungsübungen

Mit grundsätzlicher Rücksicht auf Mädchen, die einen direkten Körperkontakt ablehnen oder Angst vor Berührung haben, empfiehlt es sich, Massagen zunächst entweder spielerisch aufzugreifen, oder ein Hilfmittel einzusetzen, welches die direkte Körperberührung zu einer indirekten werden läßt.

Übung 1: *Wettermassage*
Es werden Gruppen zu viert oder fünft gebildet. Eine legt sich auf den Bauch, schließt die Augen und entspannt sich. Die anderen massieren sie sanft und gleichmäßig: Nieselregen = Trommeln mit den Fingerspitzen; dicke Regentropfen = Klopfen mit Zeige-, Mittel- und Ringfinger; Schauer = rhythmisch mit den Händen von oben nach unten streichen; Sturm = leicht hin- und herrollen; wärmender Sonnenschein = Hände flach auflegen; Tauwetter = abstreifen.

Wie bei jeder Massage soll darauf geachtet werden, daß die Berührungen wirklich angenehm sind. Wenn ein Mädchen die Berührung an bestimmten Körperstellen nicht mag, so ist dies zu respektieren!

Übung 2: *Bierdeckel-Entspannung*
Diese Entspannungsübung wird von ruhiger Musik begleitet. Bei der Paarbildung ist unbedingt darauf zu achten, daß die Mädchen sich auch mögen!
Ein Mädchen liegt mit geschlossenen Augen entspannt auf dem Rücken oder Bauch. Die andere nimmt Bierdeckel und deckt die Liegende langsam zu – immer ein Deckel nach dem anderen, bis sie ganz zugedeckt ist. Auch an die Seite werden Bierdeckel gestellt. Sie werden mit leichtem Druck auf den Körper gelegt, damit das liegende Mädchen spürt, wo sie gerade zugedeckt wird. Dann erfolgt ein Moment der Ruhe, bis die Deckel ebenso langsam Stück für Stück wieder abgenommen werden.

Übung 3: *Tennisballmassage*
Auch diese Massage ist von leiser Musik begleitet. Mit einem Tennis- oder Igelball massiert ein Mädchen ihre Partnerin mit langsamen, kreisenden Bewegungen: Rücken, Arme, Finger, Po, Beine, Füße. Am Schluß legt sie den Ball als Zeichen des Endes vorsichtig ins Kreuz. Die Massierte kann noch einen Moment nachspüren und sich dann langsam räkeln, strecken und aufrichten.

Unabhängig davon, auf welche Art und Weise der Stundenabschluß gestaltet wird, findet eine gemeinsame Verabschiedung im Kreis statt.
Die zentralen Anliegen der Selbstbehauptungs- und Selbstverteidigungskurse und ihre methodische Umsetzung anhand von Beispielen (Gespräche, Spiele etc.) sind nun dargestellt. Gleichzeitig ist deutlich geworden, welche Wirkungen die einzelnen Themen und Methoden haben sollen und erzielen. Obwohl schon in einigen Zitaten Tendenzen der Auswirkungen sichtbar geworden sind, werde ich im folgenden systematisch erfassen, inwieweit die Mädchen selber sich gestärkt erleben und diese gewonnene Stärke in ihren Körpersprache übertragen.
Zuvor möchte ich an dieser Stelle noch einmal mit Nachdruck darauf verweisen, daß die Durchführung von Kursen nicht möglich ist, wenn die Kenntnisse der Kursleiterin sich ausschließlich aus solchen oder ähnlichen Beschreibungen herleiteten. Ebenso wenig stellt die einmalige Teilnahme an einem Selbstbehauptungs- und Selbstverteidigungskurs eine ausreichende Qualifikation dar. Doch lassen sich viele einzelne Übungen sicher auch in einem anderen pädagogischen Kontext sinnvoll einsetzen, zum Beispiel die Massage und Entspannungsübungen Da ich leider selbst schon die gegenteilige Erfahrung gemacht habe, möchte ich darauf hinweisen, daß solche Körperübungen nur gleichgeschlechtlich durchzuführen sind, es sei denn, es besteht der ausdrückliche und gleichberechtigte Wunsch vom Mädchen und Jungen, diese miteinander durchzuführen.

6. Die Sicht der Mädchen: Auswertung des Fragebogens

Bis zu diesem Abschnitt habe ich mich mit den Themen der geschlechtsspezifischen Körpersprache, dem Körperselbstbild der Mädchen und der Selbstbehauptung und Selbstverteidigung auseinandergesetzt, indem ich die vorhandene Literatur, Dokumentationen und eigenes Material aufgearbeitet habe. Es ist unter anderem deutlich geworden, welches die Motivation zur Teilnahme an einem *Wen-Do* Kurs und die damit verbundenen Bedürfnisse der Mädchen sowie die Ziele und Absichten des Kurskonzeptes sind. An diesem Punkt schließen sich nun verschiedene Fragen an:

- Welche Ziele der Selbstverteidigungskurse werden in welchem Ausmaß erreicht?
- Sind Auswirkungen auf die Körpersprache und das Selbstbild von Mädchen festzustellen?
- Wenn ja, wie sehen diese aus, und vor allem:
- wie nehmen Mädchen Veränderungen *selbst* wahr, und
- in welchem Ausmaß haben sie Bestand?

Bislang liegen außer den unmittelbar am oder kurz nach Ende eines Kurses vorgenommenen Reflexionen keine weiteren Aussagen von Mädchen vor. Zudem beziehen sich diese auch nicht explizit auf die von mir aufgeworfene Fragestellung. Auswertungen, die eine längerfristige Perspektive miteinbeziehen, sind bisher ausschließlich von erwachsener Seite vorgenommen worden. Hier tut sich eine Lücke auf, die es dringend zu schließen gilt: Die Sichtweise der Erwachsenen bedarf einer Überprüfung beziehungsweise Ergänzung durch die Mädchen selbst. Die Weiterentwicklung der Mädchenarbeit muß die aktive Teilhabe der Mädchen auf Grundlage ihrer eigenen Erfahrungen und Wahrnehmungen miteinbeziehen. Nur so kann meines Erachtens gewährleistet werden, daß Mädchenarbeit unmittelbar mit den Bedürfnissen der jeweiligen Zielgruppe korrespondiert.

Um einen Anfang zu machen, habe ich mich entschieden, einen schriftlichen Fragebogen unter den Aspekten der aufgeworfenen Fragen von Mädchen beantworten zu lassen.[1]

Ziel dieses Fragebogens ist es, eine erste überprüfte Einschätzung zur wahrgenommenen Bedeutung von Körpersprache und dem Einfluß des Kurses auf eben diese und das Selbstbild eigener körperlicher Stärke und Schwäche zu gewinnen. Er kann jedoch nicht leisten, langfristige Auswirkungen zu belegen.[2]

Zunächst habe ich Fragen zur Person gestellt. Dies erleichtert den Mädchen den Einstieg in eine ungewohnte Situation, da es sich hier um ganz alltägliche Fragen handelt. Bezogen auf die Auswertung haben sie den Sinn, die Zusammensetzung der Gruppe festzustellen.

Die themenbezogenen Fragen sind in der Art konzipiert, daß ein Wechsel von überwiegend geschlossenen Fragen (insgesamt 15) zu einigen wenigen offenen (insgesamt 3) vorhanden ist – die Fragen zu untergeordneten Aspekten eingeschlossen. Bei 14 geschlossenen Fragen werden Skalen zum Ankreuzen eingesetzt. Vor dem Hintergrund der schulischen Zensureneinteilung habe ich eine Skala von 1 bis 6 gewählt. Die alltägliche Gewohnheit dieser Benotung vereinfacht den Mädchen die eigene Einschätzung. Die Zahlen 1 bis 3 beziehen sich auf die Antwort links der Skala, 4 bis 6 auf die der rechten Seite. Eine Frage bot die Antwortmöglichkeit Ja oder Nein. Die drei offenen Fragen sind so gestellt, daß sie nur eine kurze Antwort verlangen. Eine Frage, Nr. 5a/b, dient der Kontrolle, ob die Mädchen den Begriff Körpersprache kennen beziehungsweise ihn zu interpretieren vermögen. Zur Überprüfung der Verständlichkeit und der benötigten Zeit zum Ausfüllen habe ich einen Pretest[3] in einer Selbstverteidigungsgruppe mit 15 sechs- bis zehnjährigen Mädchen durchgeführt. Das Alter lag in diesem Fall unter der von mir anvisierten Zielgruppe, da die Anzahl der möglichen Befragungen ansonsten zu gering ausgefallen wäre. Deswegen werden diese Fragebögen hier auch nicht ausgewertet. Alle befragten Mädchen befanden sich im letzten Viertel eines Kurses. Die Gruppe des Pretests hat im Rahmen eines Vereinsangebotes an 15 Übungsstunden teilgenommen, bei den beiden anderen handelte es sich um Kurse an unterschiedlichen Gymnasien, die aber von derselben Übungsleiterin durchgeführt wurden. In allen drei Gruppen war zuvor das Einverständnis eingeholt worden. Auch geschah die Beantwortung nach dem Prinzip der Freiwilligkeit.

Entgegen der üblichen Vorgehensweise, die Fragebögen zu verschicken, wurden sie hier von der Übungsleiterin vorgestellt und erklärt. Dabei hat sie ausdrücklich betont, daß die Zahlen 1 bis 6 zwar hinsichtlich der Einschätzung mit der schulischen Zensurenvergabe korrespondieren, im Gegensatz zu ihr jedoch keine positiv/negativ bzw. richtig/falsch Beurteilung beinhaltet. Diese persönliche Vergabe und auch die Möglichkeit, Verständnisfragen stellen zu können, sind auf dem Hintergrund der relativ jungen Altersgruppe zu sehen.

Sowohl beim Pretest als auch in den folgenden Gruppen benötigten die Mädchen eine maximale Bearbeitungszeit von 20 Minuten. Dies entspricht einer der Altersgruppe möglichen Konzentrationsdauer.

Insgesamt wurden von zwanzig verteilten Fragebögen fünfzehn ausgefüllt. Auch die Anzahl der Befragungen weist noch einmal darauf hin, daß die Untersuchung keinen Anspruch auf eine zu generalisierende empirische Überprüfung erhebt, sondern wirklich als erster Schritt zu begreifen ist, in eine Auswertung die Mädchen selbst miteinzubeziehen. Dazu möchte ich nun anhand der einzelnen Fragen und ihrer Antworten übergehen.

Ergebnisse

Aus den Antworten zur Person wird ersichtlich, daß es sich um eine vom Alter und der Familienkonstellation her insgesamt homogene Gruppe handelt. Sechs der Mädchen sind zehn Jahre alt, sechs elf Jahre und drei Teilnehmerinnen 12 Jahre. Der Altersdurchschnitt beträgt somit 10,8 Jahre. Der weitaus größte Anteil der Mädchen hat ein (9) oder zwei (6) Geschwister. Je eine hat keine, vier und fünf Geschwister. Die Situation, älter oder jünger zu sein, ist relativ ausgeglichen: vierzehn Geschwister sind älter, zehn jünger. Dies ist insofern wichtig, als die innerfamiliären Konflikte, insbesondere mit Geschwistern (Brüdern), eine Rolle spielen in der Aufarbeitung erlebter Situationen. Insofern kann davon ausgegangen werden, daß die später gemachten Angaben auch für diesen sozialen Nahbereich gelten.

Die erste themenbezogene Frage unterscheidet die Selbsteinschätzung vor und nach dem Kurs: *»Wenn dich jemand ärgert, anmacht oder belästigt:*
a) Wie hast du dich vor dem Kurs häufiger gefühlt?
b) Wie fühlst du dich jetzt (nach dem Kurs)?«
Auf der Skala von eins bis sechs haben die Mädchen Angaben zu ihrem Gefühl von Sicherheit/Unsicherheit und Stärke/Schwäche gemacht.

Tabelle 1a

Skala	1	2	3	4	5	6	
sicher	-	2	7	2	2	2	unsicher
stark	-	-	4	8	3	-	schwach

Tabelle 1b

Skala	1	2	3	4	5	6	
sicher	2	11	2	-	-	-	unsicher
stark	1	11	3	-	-	-	schwach

Während sich fast die Hälfte der Mädchen zunächst als befriedigend sicher mit Tendenz zur Unsicherheit einstuft, haben sie nach dem Kurs ein überwiegend gutes, sicheres Gefühl, zwei sogar ein sehr gutes und zwei weitere ein befriedigendes. Keine nimmt sich mehr als unsicher wahr. Die durchschnittliche Steigerung zum größeren Sicherheitsgefühl liegt bei 1,66 Punkten. Die beiden Teilnehmerinnen, die ein sehr gut auf der Skala angaben, befanden sich zuvor bereits bei 2, so daß keine Auffälligkeit in der Größe der Veränderung vorliegt. Inwieweit bei diesen beiden Mädchen familiäre oder äußere Faktoren eine Rolle in ihrem großen Selbstsicherheitsgefühl gespielt haben, muß hier unbeantwortet bleiben.

Noch auffälliger tritt ein Unterschied zwischen vorher und nachher bei der Selbsteinschätzung der körperlichen Stärke in Erscheinung: Hat sich zunächst keine eindeutig stark gefühlt, weit über die Hälfte (8) jedoch eher beziehungsweise eindeutig schwach (3), fühlen sich nun elf eindeutig stark. Eine kreuzt sogar mit sehr gut an, und drei sehen sich als etwas stark. Insgesamt ergibt sich, daß gegen Ende des Kurses eine durchschnittliche Steigerung von 1,8 Punkten auf der Skala stark/schwach vorhanden ist. Die Einschätzung eigener Stärke ist als realistisch anzusehen, da nur eine ihre jetzige Stärke sehr hoch wertet. Bei ihr ist ein auffälliger, grundlegender Wechsel der Selbsteinschätzung festzustellen: von 4 nach 1. Sie ist das Mädchen mit 4 Geschwistern, die je zur Hälfte jünger und älter sind. Eine Aussage, inwieweit ihr veränderte Wahrnehmung in Bezug zu konkreten Situationen steht, kann nicht gemacht werden.

Eine Unterscheidung vorher - nachher unternimmt die Frage zwei nicht. Sie fragt ausschließlich nach der augenblicklichen Selbstwahrnehmung des Einsatzes von Körpersprache: »Denkst du, daß du jemandem auch ohne zu sprechen zeigst, was du denkst und fühlst?« Darauf machen die Mädchen folgende Angaben:

Tabelle 2

Skala	1	2	3	4	5	6	
viel	3	2	9	-	1	-	gar nicht

Bis auf eine – auffällige – Ausnahme verfügen mehr als die Hälfte der Mädchen über ein als zufriedenstellend einzuschätzendes Bewußtsein hinsichtlich der Mitteilungskraft ihrer Körpersprache. Ein Drittel zeigt sogar ein gutes bis sehr gutes Wissen darüber.

Frage 3 a-h schlüsselt nun die verschiedenen Bereiche der nonverbalen Kommunikation in der Form auf, wie sie im Kurs Thema sind. Auch hier wird der Blick ausschließlich auf die derzeitige Eigenwahrnehmung körpersprachlicher Kommunikation geworfen. Im Unterschied zur vorherigen Frage wird nun nicht nach dem *ob*, sondern nach dem *wie* sich die einzelne glaubt auszudrücken, gefragt. *»Was glaubst du: Wie zeigst du jemandem, wie du dich fühlst, oder was du denkst?«* Zur genaueren Übersicht stelle ich die Ergebnisse auf die einzelnen Unterpunkte tabellarisch im Zusammenhang dar.[4]

Tabelle 3

Skala viel	1	2	3	4	5	6	gar nicht
a) mit dem Blick	-	4	8	3	-	-	
b) Mimik	1	6	5	2	1	-	
c) Haltung in der Bewegung	-	1	5	5	3	1	
d) Haltung im Sitzen, Stehen, Liegen	1	1	2	2	6	3	
e) Benutzung/Haltung der Hände	-	6	4	3	1	1	
f) Beinhaltung	-	1	4	2	4	4	
g) Kopfhaltung	-	1	5	6	2	1	
h) Ausdruck der Stimme	5	5	3	2	-	-	

Wertet man das Angeben von 1 und 2 als eine eindeutige Zustimmung, so fällt auf, daß ein hoher Anteil der Mädchen ihrer Stimmlage (10 Mädchen), ihrer Mimik (7) und immerhin noch ein Drittel (6) ihrer Handhaltung eine große Ausdruckskraft zuschreiben. Der Stimmlage schreiben das übrige Drittel der Teilnehmerinnen eine befriedigende oder ausreichende, also nicht hervorzuhebende Wirkung zu. Damit wird der Stimmlage die insgesamt größte Bedeutung beigemessen. Das Mittelfeld ist bei Handhaltung und Gesichtsausdruck ebenfalls ausgeprägt. Jeweils sieben Mädchen denken, daß diese beiden Formen von ihnen benutzt werden, ohne daß sie besonders hervorzuheben sind. Nur zwei Mädchen denken von sich, daß sie diese Art der Körpersprache nicht beziehungsweise gar nicht einsetzen.

Das Bewußtsein über die individuelle Wirkung von Blickverhalten, Bewegung und Kopfhaltung ist eindeutig vorhanden. Das Blickverhalten tendiert jedoch zum höheren Zuspruch, wärend die beiden anderen tendenziell geringfügig wahrgenommen werden.

Auffällig ist beim Gesamtüberblick, daß über die Hälfte der Mädchen ihre Beinhaltung und ruhende Stellung (stehen, sitzen, liegen) nur äußerst wenig und gar nicht in ihrem körpersprachlichen Ausdruck wahrnehmen. Auch die anderen weisen diesen Formen eine eher durschnittliche Bedeutung zu.

Letztendlich läßt sich feststellen, daß Mimik und Stimmlage in ihrer stark wahrgenommenen Bedeutung einen Gegenpol bilden zum Bewußtsein über körpersprachliche Ausdrucksformen welche Ruhe- und Beinhaltungen beinhalten.

Frage 4 stellt nun explizit die Verbindung her zwischen dem Kurs und dem bewußten Einsatz nonverbaler Kommunikation als Verhaltensmöglichkeit: »*Hat dir der Kurs geholfen, jemandem mit deinem Körper ganz deutlich zu zeigen, was du willst oder nicht willst?*« Folgende Angaben wurden gemacht:

Tabelle 4

Skala	1	2	3	4	5	6	
viel	2	9	3	1	-	-	gar nicht

Die Antwort ist insgesamt eindeutig zustimmend. Fast zwei Drittel der Mädchen betrachten den Kurs als gute Unterstützung, zwei als eine sehr gute. Nur eine gibt an, daß der Kurs ihr in dieser Hinsicht wenig gebracht hat. Mit Ausnahme der Stimmlage hat sie auch bei der vorherigen Frage Angaben zwischen drei und vier gemacht. So ist davon auszugehen, daß ihre Aufmerksamkeit eher anderen Aspekten der Selbstbehauptung und Selbstverteidigung gilt. Sie und eine weitere Teilnehmerin mit sehr ähnlichem Antwortverhalten sind auch die einzigen, die den zweiten Teil der Frage nicht beantworten, der folgendermaßen lautet: »Kannst du ein kurzes Beispiel geben?«

Fünf Mädchen antworten darauf in einer allgemeinen Art, das heißt sie bezeichnen nicht konkret, wie sie ihre Bedürfnisse ausdrücken:

»Wenn mich die Jungen aus unserer Klasse ärgern, kann ich mich besser wehren. Und lasse nicht alles mit mir machen.«

»Wenn mich Jungen ärgern, dann wehre ich mich.«

»Als ein Besoffener im Bus mir die Hand auf den Oberschenkel legte.«

» ... und ich finde, jetzt kann ich viel besser jemandem zeigen, wie ich drauf bin!«

»Ich habe eigentlich nichts erlebt aber wenn ich dann im Dunkeln zum Bus gehe, fühle ich mich einfach sicherer.«

Vier dieser Mädchen haben auf der Skala die 2, eine die 1 angekreuzt. Sehen sie also einen positiven Effekt des Kurses und drücken gleichzeitig nicht deutlich aus, worin ihre eindeutigen körpersprachlichen Signale bestehen, so läßt sich daraus die folgende Vermutung ableiten: Körpersprache gilt ihnen nicht als isolierte Strategie der Abwehr beziehungsweise der Einforderung von Respekt, sondern sie ist Teil ihrer Lösungsstrategien.

Vier Teilnehmerinnen beziehen sich eindeutig auf den Einsatz ihrer Hände und Füße:

»Wenn ich meine Füße fest in den Boden drücke und spreize, bin ich stark und entschlossen.«

»Wenn mich Jungen ärgern oder belästigen, kann ich zutreten oder hauen.«

Körpersprache – *»Wenn mich jemand doll tritt oder weh tut, tret ich schon zurück. Wenn ich weiß, daß es nur Spaß ist, bin ich nicht so aggressiv. Wenn es nicht weh tut, tu ich so, als ob ich nicht's gemerkt hätte.«*

Die erste Antwort macht sehr deutlich, wie eng für dieses Mädchen Körperhaltung und Gefühl zusammengehören. Bei den folgenden Antworten fällt auf, daß die nonverbale Reaktion eine eindeutige körperliche Gegenwehr darstellt. Auch diese Mädchen verfügen offensichtlich über eine ganzheitliche Sichtweise ihres Abwehrverhaltens. Ganz im Widerspruch zu den hier angegebenen Beispielen haben sie bei Frage drei zur Beinhaltung je einmal die Note 3, 4, 5 und sechs gewählt. Der Unterschied ist wohl darin zu suchen, daß sie zuvor an ihre ganz alltägliche Haltung gedacht haben, und sich jetzt an einer besonderen Situation orientieren, die speziell eine Grenzüberschreitung beinhaltet.

Das nächste Beispiel bringt eine verbale Ablehnung zum Ausdruck, wobei davon auszugehen ist, daß vor allem die Stimmlage eingesetzt wird:

»Wenn ich z.B. im Bus sitze, und einer immer näher rückt, dann kann ich jetzt ihm besser sagen und zeigen, daß er mich in Ruhe lassen soll.«

Die vorherigen Aussagen des Mädchens und diese Angabe weisen keine Widersprüche auf.

Noch ein letztes Beispiel von einer Teilnehmerin, das sich bei Frage drei auf der Skala zwischen drei und vier bewegt und die Unterstützung des Kurses hinsichtlich nonverbaler Strategien mit 3 einschätzt: *»Wenn mich jemand ärgert und nicht aufhören will, dann gucke ich ihn mit einem recht strengen Blick an.«* Hier handelt es sich um ein bewußtes Gegenwehrverhalten. Diese Antwort steht im Widerspruch zu ihrer unter 3a vorgenommenen Einschätzung des Blickverhaltens mit 4. Auch hier kann eine Erklärung gegeben werden, daß sie ihr alltägliches Verhalten anders beurteilt als das in speziellen Situationen.

Insgesamt läßt die Beantwortung der Frage 4 den Rückschluß zu, daß die Mädchen den bewußten Einsatz körpersprachlicher Signale hauptsächlich in Verbindung mit weiteren Strategien vornehmen (beispielsweise Sprache und Tritte). Der Kurs hat ihnen deutlich dazu verholfen.

Frage 5 ist ebenfalls unterteilt: in eine mit ja/nein zu beantwortende und eine kurze offene Frage. Sie dient der Überprüfung, inwieweit der Begriff Körpersprache bekannt ist, und wie er verstanden wird.

a) *Kennst du das Wort Körpersprache?*

b) *Beschreibe bitte ganz kurz, was du dir unter Körpersprache vorstellst!*

Alle 15 Mädchen haben Teil 1 mit Ja beantwortet. Danach hat jede eine deutliche und verständliche Beschreibung gegeben, von denen ich einige wiedergebe:

»Wenn man z.B. mit den Händen etwas ausdrückt. Z.B. wenn man die Fäuste ballt, weil man wütend ist.«

»Indem ich eine ganz bestimmte Haltung habe und jemandem zeige, was ich fühle.«

»Ich kann mit meinem Körper jemanden sagen, daß er mich in Ruhe lassen soll, und daß er sich verpissen soll.«

»Z.B. wenn ich traurig bin, dann nicht so rumspringen oder so. Und man braucht ja gar nicht zu sprechen, wenn man jemandem zeigen will, daß man traurig, lustig usw. ist.«

»Z.B. mit den Händen rumfuchteln«.

Die Ausdrucksformen körpersprachlicher Kommunikation sind demnach allen bekannt. Etwas weiteres ist an dieser Stelle (erneut) aufgefallen. So hat das hier zuerst zitierte Mädchen unter Frage 3e (Haltung der Hände) die 5 angegeben. Das Mädchen, von welchem das zweite Zitat stammt, bewegte sich auf den Skalen 3a – g im Bereich zwischen 3 und 6. Diese Unterschiedlichkeit korrespondiert mit dem zum Teil widersprüchlichen Antwortverhalten zu den Fragen 3 und 4. So liegt auch hier die Vermutung nahe, daß die Mädchen ihrer Körpersprache im alltäglichen Umgang weniger Bedeutung zumessen als in Situationen, die ihnen unangenehm oder bedrohlich erscheinen. Dies wird auch daran ersichtlich, daß nur in einer Antwort ein gewohntes Gefühl benannt wird (Traurigkeit), während sich zwei Mädchen ausdrücklich auf Grenzüberschreitungen beziehen.

Unter 6 wird nun noch einmal die Frage nach einem ganz allgemeinen, also nicht situationsbezogenem Lernprozeß bezüglich der persönlichen Körpersprache aufgeworfen: »*Hast du in diesem Kurs etwas über deine Körpersprache gelernt?*«. Die Antworten verteilen sich wie folgt:

Tabelle 5

Skala	1	2	3	4	5	6	
ja	2	10	3	-	-	-	nein

Auch hier ist die Aussage eindeutig: Zwei Drittel haben viel gelernt, zwei Mädchen sehr viel, drei zufriedenstellend. Vor dem Hintergrund der zunächst festgestellten Bedeutung unbewußter, inkongruenter körpersprachlicher Signale, muß dieser Lernprozeß als äußerst wichtig hervorgehoben werden. Sie bestätigt das weitgehende Erreichen zweier Zielvorstellungen:

1. Die genaue Wahrnehmung der eigenen Körpersprache als Ausgangspunkt für einen Veränderungsprozeß ist erreicht worden.

2. Es kann davon ausgegangen werden, daß die Mädchen geschlechtsspezifische nonverbale Interaktionsstrukturen durchschaut haben.

Die siebte und letzte Frage ist wiederum aufgeteilt in eine Skalen- und eine offene Frage. Sie fragt nach der Bedeutung, welche die Mädchen dem Wissen um die Körpersprache geben und nach

139

den Gründen für ihre Meinung: »*Findest du es wichtig, etwas darüber zu lernen?*«

Tabelle 6

Skala	1	2	3	4	5	6	
ja	6	5	4	-	-	-	nein

Auch hier bewegt sich keine im ablehnenden Bereich. Die Verteilung zwischen 1, 2 und 3 auf der Skala ist ausgeglichen.

Warum die Mädchen es für wichtig erachten, das Thema Körpersprache zu behandeln, kann wiederum durch ihre eigenen Worte am besten wiedergegeben werden:

»*Wenn mich mal jemand angreift, dann brauch ich nicht gleich zu schlagen! (Ich schlage nicht gerne, ernst.)*«

»*Weil wenn ich heiser bin und keine Stimme mehr habe, kann ich ihm sagen, daß er sich verpissen soll!.*«

»*Mit der Körpersprache macht man das deutlich, was jemand nicht mit Worten verstehen will.*«

»*Weil man sich dann stark fühlt und ausdrücken kann.*«

»*Weil ich das wichtig für das Zusammenleben von mehreren Menschen halte.*«

Diese Zitate verdeutlichen, daß die Mädchen den Sinn und die Wichtigkeit körpersprachlicher Kommunikation hinsichtlich ihrer verschiedenen Funktionen verstanden haben, als da sind: Interaktion, Verständigung, Verstärkung der verbalen Aussage, Ausdruck der Gefühle.

Zusammenfassend können aus den Ergebnissen des Fragebogens folgende Schlüsse gezogen werden:

1. Die Mädchen erachten das Thema Körpersprache für wichtig.

2. Sie messen der Körpersprache in ihrer Gesamtheit eine hohe Bedeutung zu.

3. Die Einzelaspekte Stimmlage, Mimik und Handhaltung sind den Mädchen in ihrem Alltag am deutlichsten bewußt, während Ruhe- und Beinhaltungen in ihrem Bewußtsein wenig präsent sind.

4. Der Kurs hat den Mädchen geholfen insbesondere in Situationen, die ihre starke Aufmerksamkeit erfordern, ihre Körpersprache als deutliches Mittel der Gegenwehr einzusetzen.

5. Die Mädchen haben nach der Kursteilnahme ein deutlich gesteigertes Gefühl von Selbstsicherheit und Stärke.

Die Unterschiedlichkeit der Antworten steht in dem Zusammenhang, daß den Mädchen in einem Selbstbehauptungs-/Selbstverteidigungskurs eine Vielzahl von Verhaltensmöglichkeiten aufgezeigt wird, aus der sie die ihnen persönlich angemessenen Strategien auswählen. Dies zeigt sich besonders in der ersten Antwort auf die Frage nach dem *Warum*, sie der Körpersprache eine (große) Bedeutung beimessen.

7. Abschlußgedanken

Während des gesamten Kursverlaufes lernen die Mädchen, welch große Bedeutung der Körpersprache in der Interaktion allgemein und in Situationen von Belästigung und Bedrohung im Besonderen zukommt. Sie erwerben jedoch keine neue Körpersprache, die sie wie ein neues Kleidungsstück überziehen. Vielmehr tritt eine Veränderung körpersprachlicher Kommunikation linear zur Steigerung des Selbstbewußtseins ein. Dies ist wichtig, damit es nicht zu einer erneuten Inkongruenz kommt, dieses Mal unter umgekehrten Vorzeichen. Damit meine ich, daß die Einforderung ihrer Rechte auf Unversehrtheit im Einklang mit ihren Gefühlen steht. Unverzichtbar ist in dieser Hinsicht das Zulassen von Gefühlen wie Wut und Entschlossenheit und die eindeutige Wahrnehmung und Akzeptanz von den eigenen, persönlichen Grenzen. Die Thematik und Methodik der Kurse fördert das Selbstbewußtsein der Mädchen, indem diese lernen, daß
- sie ein Recht körperliche Unversehrtheit haben;
- sie ihre Bedürfnisse und Grenzen ernstnehmen dürfen und sollen;
- Schuld- und Schamgefühle vom Täter provoziert werden;
- ihre eigene Wahrnehmung von diskriminierenden und bedrohlichen Situationen weitaus bedeutender ist als die der Fremdwahrnehmung;
- sie 'aus der Rolle' fallen dürfen (und sollen), ohne ihre weibliche Identität zu verlieren.

In dem Maße, wie die Mädchen Entschlossenheit zur Einforderung und Verteidigung ihrer Rechte entwickeln, tritt eine zunehmende Veränderung körpersprachlicher Signale ein. Das Experimentieren im Rollenspiel verhilft ihnen zu einer *eigenen* Entscheidung, wie sie sich bewegen, äußern und welchen Raum sie einnehmen können und wollen. Zunehmend bringen sie ihre persönliche Distanzschwelle und ihre Ablehnung von Belästigungen, Berührungen und Bedrohungen körpersprachlich zum Ausdruck. Wie sich in der Befragung gezeigt hat, weisen sie dabei ihrer Stimmlage, ihrer Mimik und der Benutzung der Hände die größte Bedeutung zu.

Die Entwicklung zum selbstbewußten Mädchen und zu einer kongruenten Körpersprache geschieht nicht nur entlang der Aufwertung ihrer Selbstwahrnehmung und dem Erkennen geschlechtsspezifischer Gewaltstrukturen. Die Veränderung wird gleichermaßen dadurch hervorgerufen, daß das Bild vom unterlegenen, schwachen Mädchen als Lüge zur Beibehaltung männlicher Dominanz und Macht entlarvt wird. Die Erfahrung eigener körperlicher Stärke ist, wie Heiliger sagt, ein *Knackpunkt* auf dem Weg zu einer Veränderung der hierarchischen Machtverhältnisse.[1] Der Selbstverteidigung kommt in dieser Hinsicht vor allem die folgende Bedeutung zu:

- Raufen, kämpfen und toben ermöglichen den Mädchen, lustvoll die Stärke ihres Körpers kennenzulernen. Gefühle können in der Bewegung ausgelebt werden.
- Der Erwerb altersgerechter Befreiungstechniken stärkt den Mut und das Selbstvertrauen, sich aktiv gegen körperliche Angriffe zur Wehr zu setzen.

Die Auswertung des Fragebogens bestätigt, daß an Stelle des Gefühls von überwiegender Schwäche und Unsicherheit das Selbstbild von Stärke und (Selbst-) Sicherheit tritt. Mädchen, die um die Schlagkraft ihrer Hände, Füße und Ellenbogen wissen, brauchen diese nicht länger zu verstecken. So verliert auch das unsichere Lächeln in dem Maße an Bedeutung, als die Mädchen bereit sind, sich auf die Fähigkeiten ihres Körpers zu verlassen. Hervorzuheben ist, daß Mädchen in den Kursen *nicht* ihre weibliche Identität infrage stellen. Vielmehr erfahren sie, daß diese weit mehr umfaßt oder umfassen kann, als die Übernahme von und Anpassung an herkömmliche Mustern und vorherrschende Normen. Insofern bieten die Kurse in der Orientierungssuche nach der eigenen Persönlichkeit auch eine Entlastung an. Werden ansonsten Äußerungen von Gefühlen wie Demütigung, Frustration und Wut häufig sanktioniert, müssen diese nun nicht beiseite gedrängt werden, sondern gelten als zu respektierender Teil ihrer selbst. Dies hat unter anderem die folgenden Wirkungen:

- Die Hände müssen nicht versteckt, sondern können zur Ablehnung und Gegenwehr eingesetzt werden.
- Die Wut bleibt nicht im Halse stecken. Statt dessen dient sie den Mädchen situationsangemessen als Kraftverstärker und verhilft ihnen zu Mut und einer klaren Stimmlage.
- Die Blicke werden nicht hilflos abgewandt, sondern das Sehen wird bewußt zur Überprüfung der eigenen Wahrnehmung eingesetzt.
- Statt 'hinter'm Rücken Grimassen zu schneiden', dient der Gesichtausdruck als bewußtes Medium zur Äußerung sowie Bestätigung dessen, was sie wollen oder nicht wollen.

Es ist festzustellen, daß ein Kurs nach oben dargestelltem Konzept und mit der ihm eigenen, insgesamt ganzheitlichen Sichtweise den Mädchen zu einer besseren Bewältigung alltäglicher Gewaltsituationen verhilft. Das Erreichen dieses Zieles wird im Ergebnis der Befragung deutlich und auch durch Zitate von Teilnehmerinnen in den vorliegenden Erfahrungsberichten bestätigt:

»Wenn ich im Dunkeln irgendwo langgehe/fahre, fühle ich mich sicherer, habe so etwas wie eine Reserve, ein As im Ärmel, auf das ich zurückgreifen kann, wenn mich jemand angreift.«[2]

»Ich hab durch den Kurs mein richtiges Selbstvertrauen gefunden. Ich hab gelernt, daß ich mich nicht nur durch Schlagen, sondern auch durch meine Stimme wehren kann.«[3]

Mädchen erfahren, daß ein 'liebes Mädchen' sein, einerseits positiv im Bereich ihrer sozialen Handlungskompetenzen ist, andererseits ihnen in vielen Situationen zum Nachteil gerät. 'Nicht lieb' zu sein, heißt im Umkehrschluß jedoch nicht, männliche Aggression zu übernehmen. Vielmehr lernen sie, sich kongruent zu ihren eigenen Bedürfnissen zu äußern, und diese situationsan-

gemessen zu vertreten. Der Aufbau des Bewußtseins eigener Stärken läßt die Mädchen die Nachteile der ständigen Zurücknahme
und (möglichst) permanenter Freundlichkeit nicht mehr länger
aus der Position der Unterlegenen hinnehmen. Als Nachteile sind
insbesondere Hilflosigkeit, Frustration und Verletztsein zu nennen. Wichtig für alle Teilnehmerinnen ist in diesem Zusammenhang die Erfahrung, nicht allein von Problemen der Demütigung, Gewalt und Angst betroffen zu sein. Solidarität und Hilfe
bestärken sie in dem beschriebenen Veränderungsprozeß. Dies
gilt insbesondere für Situationen in der Schule, im Freizeitbereich
und im 'offenen' familiären Rahmen. Mit offen bezeichne ich
Situationen, die für alle als erkennbar 'normal' gelten, wie beispielsweise unerwünschte Berührungen seitens Verwandter, oder
(körperliche) Auseinandersetzungen mit Brüdern. Im Gegensatz
dazu vermute ich, daß in 'geschlossenen' Gewaltsituationen, und
damit meine ich sowohl massive Gewalt als sogenannte Er-
ziehungsmaßnahme als auch explizit den sexuellen Mißbrauch
durch nahestehende Familienmitglieder, die persönlichen Veränderungen in Selbstwahrnehmung und Ausdruck nicht allein ausreichend sind zur Beendigung solcher Mißhandlungen. Zu groß
ist der auf den Mädchen lastende Druck von Schuld, Scham und
Erpressung. Das Aufzeigen weitergehender Lösungsstrategien, beispielsweise wo und wie Hilfe durch andere (Erwachsene) zu bekommen ist, sind in einem Kurs leistbare erste Schritte, um den
Mädchen einen gangbaren Weg aufzuweisen. Diesen anzunehmen bleibt in der Entscheidung der Betroffenen!
An dieser Stelle muß auch darauf aufmerksam gemacht werden,
daß die durch ein gesteigertes Selbstbewußtsein hervorgerufenen
'Erfolgserlebnisse' die (überwiegenden) positiven Konsequenzen
darstellen. Gleichermaßen bedarf es aber auch durchaus einer
großen Kraftanstrengung, sich alltäglich durchzusetzen. Dies gilt
insbesondere im Hinblick auf die unterschiedlichen Abhängig-
keitsverhältnisse, in denen die Mädchen sich zwangsläufig befinden. Sie bedürfen der Sensibilität und Unterstützung von Seiten

ihrer Bezugspersonen zu Hause und in der Schule. Um diesen Beistand zu erreichen, ist es dringend erforderlich, daß:

– mehr Angebote im Aus- und Fortbildungsbereich für PädagogInnen stattfinden und in Anspruch genommen werden (können), die die geschlechtsspezifische Rollenverteilung und Gewaltverhältnisse zum Thema machen;

– für Mütter und Väter mehr Möglichkeiten vorhanden sind, wie sie ihrerseits die Notwendigkeit eines Veränderungsprozesses erkennen, leben und unterstützen können.

In diesem Bereich sind auch die Selbstbehauptungs- und Selbstverteidigungskurse für Frauen anzusiedeln. So sagt eine Lehrerin: »*Ich kann z.B. bei Pausenaufsichten wesentlich angstfreier mit 'schwierigen' Schülern umgehen oder in bedrohliche Situationen aktiv eingreifen. Ebenso in Konferenzen. Ich bin empfindsamer für 'Alarmsignale' der SchülerInnen.*«[4] Meine Erfahrung ist, daß eine Teilnahme von Müttern und Töchtern in zwei getrennten Kursen zu sehr anregenden, konstruktiven Auseinandersetzungen und 'Übungsstunden' geführt haben.

Unter dem Gesichtspunkt, daß all dies den Mädchen zu mehr Sicherheit und größeren Freiräumen verhilft, ist eine positive Bewertung vorzunehmen, denn die Ziele werden in aller Regel durch den Kurs erreicht.

Es darf aber nicht vergessen werden, daß Mädchen und Frauen eben nur die *eine Hälfte* vertreten. Mädchen sind, wie die Ergebnisse zeigen, durchaus bereit, Verantwortung zu übernehmen. Sie sind jedoch weder die Verursacherinnen der Gewalt, noch haben sie einen Einfluß darauf, inwieweit Selbstbehauptungs- und Selbstverteidigungskurse stattfinden. Und so sind die Grenzen in erster Linie auch in einem mangelnden Veränderungsprozeß der *Gewaltverursacher* zu sehen. Die Möglichkeiten, Gewalt gegen Mädchen und Frauen zu verhindern, werden von der existierenden strukturellen Gewalt begrenzt. »*So stützen auch die verbreiteten Vorstellungen über den Frauenkörper, seine Aufgaben und seine Leistungsfähigkeit die herrschende Geschlechterordnung.*«[5]

147

Mit der Wahrnehmung, Anerkennung und Förderung von Mädchenstärken greift die Selbstbehauptung und Selbstverteidigung die herrschende Geschlechterordnung nun in einem zentralen Punkt an: der männlichen Überlegenheit und Macht sowie dem Gewaltmonopol, welches zusätzlich die Beschützerrolle und damit die weibliche Abhängigkeit garantiert, wird der Boden entzogen. So sagt auch Barz:

»Wenn wir Mädchen dazu ermutigen, sich selbst zur Wehr zu setzen, und im Notfall zurückzuschlagen, so heißt das nichts anderes, als ihre Ich-Stärke zu fördern, um eine Ausgangslage zu schaffen, die andere Formen der Auseinandersetzung ermöglicht. Es käme häufig gar nicht zur körperlichen Auseinandersetzung, wenn Jungen befürchten müßten, daß sich die Mädchen massiv wehren.«[6]

Die weitgehenden Veränderungen der Mädchen (und Frauen) erfordern also letztendlich einen gleichzeitigen, grundlegenden Verzicht auf Privilegien und Macht sowie die Überprüfung männlicher Werte und Normen. Dies ruft jedoch bewußt wie unbewußt männlichen Widerstand hervor. Wie sich diese Grenzen äußern, werde ich im folgenden aufzeigen.

Die politischen und gesellschaftlichen Grenzen

An dieser Stelle möchte ich im wesentlichen auf zwei Aspekte eingehen, die die hier behandelten Kurse im besonderen und die Mädchenarbeit im allgemeinen in ihrer Kontinuität und ihren Möglichkeiten zu grundlegenden Veränderungen in den geschlechtsspezifischen Gewaltverhältnissen eingrenzen.

Als ein wesentliches, politisches Problem bezeichne ich die unzureichende, mangelnde Finanzierung. Bislang basiert sie in der Hauptsache auf Projektförderung, Arbeitsbeschaffungsgeldern seitens der Arbeitsämter und Entlohnungen auf Honorarbasis. Alle drei Formen beinhalten mehr oder weniger stark die folgenden Schwierigkeiten:

1. Sie gelten nur für einen bestimmten, abgesteckten Zeitraum und lassen keine langfristige Perspektive und Planung zu. Diese ist jedoch absolut notwendig, wenn die Kurse nicht als (politisches) Alibi gelten sollen, um der geforderten Mädchenarbeit gerecht zu werden. Kontinuität ist wichtig, um Selbstbehauptung und Selbstverteidigung zum integralen und professionellen Bestandteil mädchenparteilicher und gewaltpräventiver Arbeit werden zu lassen.

2. AB-Maßnahmen dürfen nur noch einmalig an eine Person vergeben werden. Dies hat im Extremfall zur Folge, daß nach Beendigung eines Zeitraumes von höchstens zwei Jahren keine weiteren Kurse im schulischen Rahmen und in der öffentlichen Jugendhilfe angeboten werden können (weil keine weitere qualifizierte Trainerin zur Verfügung steht). Planstellen sind in aller Regel nicht vorgesehen und werden von öffentlichen Trägern nicht eingerichtet.

3. Die Entlohnung von Übungsleiterinnen auf Honorarbasis bedeutet für viele, Kurse als nebenberufliche Tätigkeit durchzuführen. Dies gestaltet sich schon deshalb schwierig, weil die Zeiten von Mädchenkursen grundsätzlich auf den Nachmittag festgelegt sind, und somit im Widerspruch zu einer anderen beruflichen Arbeit stehen. Ist es dennoch möglich, kann es jederzeit zur Einstellung der Kurse kommen, wenn von der Übungsleiterin eine andere abgesicherte Arbeit (neu-)aufgenommen wird.

4. Werden Kurse im Rahmen von (Modell-) Projekten durchgeführt, so erfordert dies das Aufbringen von viel – nervenaufreibender – unbezahlter Arbeitszeit: zum Schreiben von Anträgen und Führen von Verhandlungen. Geht die Antragstellende darüber hinaus einer weiteren Erwerbstätigkeit nach, ist es ist äußerst schwierig für sie diese Zeit aufzubringen. Das gilt vor allem auch für Frauen mit Kindern.

Den Verweis auf Finanzierungsschwierigkeiten in Anbetracht der ständigen Kürzungen im Jugend- und Sozialetat erachte ich als zu kurzsichtig. Wie auch in anderen Bereichen von Jugend- und Präventionsarbeit tauchen hier eingesparte Kosten an anderer Stelle wieder auf. Um es kurz zu sagen: Jede *verhinderte* Gewalttat macht eine ansonsten später erforderliche Behandlung und einen eventuellen juristischen/strafrechtlichen Prozeß überflüssig.

An dieser Stelle drängt sich die Frage auf: *Warum* erfahren Selbstbehauptungs- und Selbstverteidigungskurse auf politischer Ebene keine so ausreichende Akzeptanz, daß ihre Finanzierung einge*plant* wird? Eine erschöpfende Antwort kann hier und jetzt nicht mehr gegeben werden. Sie muß jedoch auf dem Hintergrund diskutiert werden, daß Mädchenarbeit bis heute kein integraler, selbstverständlicher Bestandteil der Arbeit in Jugendhilfe, Schule und Sportvereinen ist. Nach wie vor gelten Kompetenzen und Fähigkeiten von Mädchen nicht als erachtenswerter - gleichberechtigter - Maßstab für soziales Denken und Handeln. Und nach wie vor orientieren sich Planung und Umsetzung von Arbeit Ideen vorrangig an sich der männlichen Lebenswelt und ihren Normen.[7] Dieses Problem spiegelt sich auch in der ungesicherten Finanzierung wieder: Ganz in der Tradition grundlegender, hier nur angedeuteter Strukturen werden die Entscheidungen über die Vergabe von Geldmitteln direkt und indirekt von Männern getätigt.[8] An dieser Stelle sei die Unterstellung erlaubt, daß es häufig nicht im Interesse von - entscheidungsbefugten - Männern ist, Mädchen und Frauen zu unbequemen Gegnerinnen zu machen.

Nach langen Gesprächen und Diskussionen auf verschiedenen Ebenen, aber sicher auch im Zuge der verstärkten Forderung nach Selbstverteidigungskursen für Mädchen seitens vieler Eltern und Pädagoginnen, ist die Landesregierung Nordrhein-Westfalen - hier in Vertretung durch die Ministerien für die Gleichstellung von Frau und Mann und für Schule und Weiterbildung - einen Schritt weitergegangen. Sie fördert Schulen im 1. Schulhalbjahr 1997/98 mit einem Betrag von bis zu 1.500,- DM für die Durchführung von Selbstbehauptungs- und Selbstverteidigungskursen, wenn diese unter mädchenparteilichen Aspekten und von einer dementsprechend qualifizierten und erfahrenen Übungsleiterin durchgeführt werden.[9] Es ist eindeutig zu begrüßen, daß hier der Forderung nach Aufwertung und Akzeptanz von Selbstbehauptung- und Selbstverteidigung als einem wichtigen Baustein der Mädchensozialarbeit stattgegeben wird. Und selbstverständlich werden viele Mädchen – kurzfristig – davon profitieren. Keine Berücksichtigung in diesem Programm finden jedoch die Aspekte der Nebenberuflichkeit und mangelnden Kontinuität, wie ich sie bereits beschrieben habe. In der Konsequenz zeichnet sich bereits jetzt eine Diskrepanz zwischen der Nachfrage und der – in einem vorgeschriebenen Zeitraum von 6 Monaten – zur Verfügung stehenden Übungsleiterinnen ab. Unter Einbeziehung *aller* Gesichtspunkte, als da zusätzlich wären:

– Kontinuität für die Mädchen in dem Sinn, daß sie parteiliche Ansprechpartnerinnen in allen ihren Lebensbereichen wiederfinden;

– Absicherung der Erwerbstätigkeit von Frauen, die über die hier behandelten Qualifikationen verfügen;

– langfristige Absicherung der Selbstbehauptung- Selbstverteidigung als integralen Baustein der parteilichen Mädchenarbeit und sexuellen Gewaltprävention;

stellt sich die Frage: Warum ist nicht zumindest ein Teil der Gelder für eine hauptberufliche Multiplikatorinnenarbeit zur Verfügung gestellt worden? Pädagoginnen, die so von einer Weiterbildung profitieren könnten, würden selbst langfristig zu den wertvollen *Bündnispartnerinnen* der Mädchen werden. Zudem wären Mädchen nicht mehr auf 'Ausnahmeangebote' angewiesen, die ihnen zu mehr Selbstvertrauen und Stärke verhelfen.[10]

Doch es sind nicht nur diese Schwierigkeiten, die eine Veränderung der existierenden geschlechtsspezifischen Gewalt durch Mädchenarbeit begrenzen. So wie jede Interaktion die Beteiligung

von mindesten zwei Personen voraussetzt, stellen Mädchen in ihrer Gesamtheit nur *die eine Hälfte des Ganzen* dar! Das bedeutet: Mädchen können bis zu einem gewissen Grad lernen und sollen die Möglichkeit dazu haben, sich selbstbewußt zu schützen. Den Selbstbehauptungs- und Selbstverteidigungskursen kommt in dieser Hinsicht eine große Bedeutung zu. Jedoch sind sie in Anbetracht der alltäglichen Gewalt als *reaktive* Maßnahme zu begreifen, d.h. sie verhindern Gewalt nicht darüber, daß sie sich an die Verursacher wenden. Den Mädchen entstehen die Probleme nicht darüber, daß sie Gewalt ausüben, sondern daß sie diese trifft. Insofern ist es dringend geboten, Präventionsarbeit im Sinne von vorbeugend und ursächlich verhindernd mit denen durchzuführen, die die Probleme verursachen, in diesem Fall mit den Jungen.[11] Ich möchte hier nicht das Klischee verstärken, daß Mädchen *nur* Opfer und Jungen *nur* Täter sind. Auch ist es hier nicht mein Thema, näher auf Konzepte von präventiver, antisexistischer Jungenarbeit einzugehen.[12] Sinnvoll ist es jedoch, einige diesbezügliche Anmerkungen zu machen. Wenn ich von Jungen als Tätern spreche, so geschieht dies einerseits auf dem Hintergrund dessen, was Mädchen alltäglich erleben. Andererseits wird daran deutlich, daß Jungen sich ihrerseits schon sehr früh an den ihnen zugewiesenen Rollen orientieren und diese übernehmen. Unter anderem verlangt und gesteht ihnen das Männlichkeitsbild gleichermaßen zu, daß
- sie den Mädchen körperlich überlegen sind;
- sie diejenigen sind, die Macht ausüben: gegenüber Mädchen direkt, durch Raumeinnahme, durch das Einfordern größerer Aufmerksamkeit;
- sie ihre Schwächen, Widersprüche und Überforderungen in der Übernahme der männlichen Geschlechterrolle verstecken und diese Form der Selbstverleugnung ausgleichen durch Aggressivität und Gewaltausübung an (noch) Schwächeren.[13]
Daraus ergeben sich Forderungen zu einer eigenständigen, emanzipatorischen und antisexistischen Jungenarbeit, die nicht den

Fehler wiederholen sollte, das Hauptaugenmerk auf Defizite und Schwächen zu legen. *»Vielmehr muß es das Ziel sein, positive Aspekte einer Veränderung des Rollenbildes aufzuzeigen.«*[14] Mag sein, daß es schwieriger ist, Jungen dahingehend zu motivieren, freiwillig ihre mit der männlichen Rolle verbundenden Privilegien aufzugeben. Aufgrund von Alltagsbeobachtungen vermute ich jedoch, daß gerade im Kindesalter noch ein relativ großes Potential an Widersprüchen bei Jungen vorhanden ist, welches sie offen sein läßt für eine männliche Identität, die sozial verträgliche Handlungskompetenzen einschließt. Nicht zuletzt würde für diese Jungen, aber eben auch für die Mädchen ein großes Maß an Streßreduzierung daraus resultieren.

Unverzichtbar für eine derartige Jungenarbeit ist das Prinzip der Geschlechtshomogenität, das heißt Jungenarbeit ist von Männern durchzuführen. Frauen als Vorbilder existieren ausreichend: Mütter, Erzieherinnen, Lehrerinnen und andere Pädagoginnen. Sie alle bieten jedoch keine Identifikation in der geschlechtlichen Rollenübernahme. Es ist dringend an der Zeit, daß dieses auch von seiten der Ausbildenden im gesamten pädagogischen Bereich erkannt wird. Bislang ist hier allerdings mehr Schweigen und Ignoranz festzustellen, als ein wirkliches Interesse am Thema. Deutlich wird dies beispielsweise an der geringen Thematisierung in Seminaren und Fortbildungen. Es kann nicht angehen, daß die Diskussion um Mädchenarbeit und Mädchenrolle nach wie vor bei vielen Männern Empörung hervorruft, weil sie sich benachteiligt fühlen. Und eben diese schweigen, wenn die Frage nach einer emanzipatorischen, antisexistischen Jungenarbeit und der sie beinhaltenden Prüfung des Männlichkeitsbildes gestellt wird.

Darüber hinaus ergibt sich, daß die Grenzen hinsichtlich der Reduzierung alltäglicher Diskriminierung und Gewalt sich verschieben entsprechend der vorgenommenen Schritte, eine Veränderung in der Beurteilung sozialer und motorischer Handlungskompetenzen anzustreben. Dies bezieht sich auf alle Sozialisationsinstanzen wie Familie, Kindergarten, Schule als auch Freizeitbereiche wie Vereine und Jugendfreizeiteinrichtungen.[15] Zusammenfassend muß gesagt werden, daß das größte Hindernis für eine gewaltpräventive und emanzipatorische Arbeit mit den Mädchen, wie ich sie in dem vorliegenden Buch dargestellt habe, die Gewaltverursacher selbst und diejenigen sind, die die Fortführung der geschlechtsspezifischen Gewaltverhältnisse durch ihr Schweigen und – oder ihre Toleranz unterstützen.

Es bleibt für mich nun noch die Frage eines runden Abschlusses all dieser Ausführungen. Sicher gibt es noch vieles zu sagen, zu diskutieren und genauer zu analysieren. Dies habe ich auch an den entsprechenden Stellen angemerkt. Da als Personen die Mädchen hier im Mittelpunkt gestanden haben, halte ich es jetzt für angemessen, daß ein Mädchen auch das Schlußwort hält.

Eine Schülerin schreibt

Bei dem folgenden Aufsatz handelt es sich um die Kursbeschreibung einer 12jährigen Schülerin. Sie hat diesen Text geschrieben, nachdem in Münster zum ersten Mal ein Presseartikel über die Durchführung und Inhalte von Selbstbehauptung und Selbstverteidigung für Mädchen an einer Schule – am Beispiel ihrer eigenen Gruppe – erschienen ist. Dieser Artikel führte in der Gruppe, die bereits seit etwas mehr als einem Schulhalbjahr existierte, zu einem Gespräch, wie sie die Beschreibung seitens einer erwachsenen Frau für sich empfunden haben. Diese Runde motivierte die Schülerin, selbst über den Kurs zu schreiben. Die Wiedergabe ihres Textes geschieht mit ihrem Einverständnis. Bei der von ihr angesprochenen Fallschule handelt es sich um ein Element des *Ju-Jutsu*, dessen Durchführung in der Gruppe auf große Resonanz gestoßen ist. Es ist aber nicht unbedingt als Inhalt erforderlich und hat von daher in diese Buch auch keine Berücksichtigung gefunden.

Selbstverteidigung

Selbstverteidigung stellen sich die meisten Leute so vor, daß man nur am Kloppen und Schlagen ist, das ist ja auch halb richtig. Zumal alle Sachen anders sind. Karate und Kung-Fu oder so sind gewiß anders als unsere Gruppe, aber immerhin lernen wir auch sehr viel. Diese Selbstverteidigungsgruppe ist natürlich eine kleine Gruppe, im Gegensatz zu so Karatemanschaften. Aber was gut an dieser Gruppe ist, ist daß wir nicht nur Falltechniken oder Kampftechniken, zu den ich gleich noch was sage, oder so lernen, nein wir sprechen auch über Probleme, lesen Geschichten vor und bearbeiten sie. Es ist super, wenn man so eine ernste Sache mal in Ruhe und Vernunft bespricht, vielleicht ist es ja mal brauchbar für später. So nun zu den Kampf- und Falltechniken. Es ist erstmal interessant, zuzusehen wie Chris und Christiane es veranschaulichen, wie es sein oder passieren kann, aber dann mit seinem Partner dasselbe zu versuchen, ist ja noch viel spannender. Es klappt zwar nicht immer aber nach einer Weile hat es jeder drin. Aber am witzigsten find ich ja die Falltechniken, wenn man sich dann so auf den Boden stürzen soll, und abrollen soll, hat man beim ersten Mal natürlich Angst, aber die legt sich auch wieder. Nachdem man es 10 oder 15 Mal versucht hat, klappt es auch vielleicht noch nicht so gut; aber das kommt noch, schließlich macht Übung den Meister. Aber wie das mit den Boxtechniken ist, und wie man zutritt, ist ein Geheimnis von uns, das unter uns bleibt. Aber ein bißchen kann ich ja wohl erzählen. Also, ich habe mir das Boxen ja immer leicht vorgestellt, aber bis man erst mal die richtige Stellung raus hat, und bis man die Tricks raus hat, die man benötigt, dauert es eine Weile; aber es ist noch kein Meister vom Himmel gefallen, und bei uns wird auch so schnell keiner unglücklich fallen, da wir ja wissen, wie es nicht weh tut. Nein aber nicht nur deswegen, wenn man es eben noch nicht kann, übt man es, und nach 2 Wochen spätestens kann man das auch. Tja, viel weiß ich nicht mehr, aber wie wärs, wenn ich mal so erzähle, wie es ist, wenn wir zusammen sitzen? Ich fand's gut, also als erstes setzen wir uns so, daß jeder jeden sehen kann, also in einen kleinen Kreis auf den Boden. Wenn dann eine Geschichte vorgelesen wird, sitzen oder liegen wir und hören aufmerksam zu.

Wenn die Geschichte zu Ende ist, herrscht Stille für ein paar Minuten, und dann fallen Fragen und Antworten über Chris und Christiane hinweg, und sie kommen manchmal gar nicht mit. Aber bei uns (in der A Gruppe) ist das ja noch einfach, wir sind nur 7, manchmal 8 mit Chris und Christiane. Aber in der anderen Gruppe (B) sind wesendlich mehr, ich kann mir vorstellen, daß das schwieriger ist, aber ich will ja über uns berichten. Aber eins muß gesagt werden: wir beziehungsweise ich mach das nicht nur zu meinem Vergnügen, nein ich möchte auch was lernen. Aber wir machen nicht nur Techniken und so was, nein wenn wir Falltechniken machen, müssen als erste die Matten aufgebaut werden. Das sind ganz normale Matten, so ungefähr wie Judomatten, die ja wohl jeder kennt, aber leicht sind die gerade nicht. Tja, ich hoffe, ihr habt einen Einblick in unsere Gruppe bekommen und vielleicht bekommt ihr ja auch eine Chance wie wir, daß ihr irgendwo so was lernen könnt, und wenn nehmt diese Chance wahr, und versucht es, es ist zwar auch mit Schwiergkeiten verbunden, aber auch mit Spaß und Spiel. Also Dank, viel Spaß und viel Glück wünscht euch [...]

Ciao

Anlagen

Anlage 1

Mädchenbild im Lego Katalog

Anlage 2

Alter:_____   Schule/ Klasse:_____

Geschwister: _____   älter:_____   jünger: _____

Beruf der Mutter:_____ Beruf des Vaters:_____

1a Wenn dich jemand ärgert, anmacht oder belästigt:
   Wie hast du dich vor dem Kurs häufiger gefühlt?

   sicher 1 2 3 4 5 6 unsicher
   stark   1 2 3 4 5 6 schwach

 b Wie fühlst du dich jetzt (nach dem Kurs) ?
   sicher 1 2 3 4 5 6 unsicher
   stark   1 2 3 4 5 6 schwach

2 Denkst du, daß du jemandem auch ohne zu sprechen zeigst, was du denkst und fühlst?
   viel 1 2 3 4 5 6 gar nicht

3 Was glaubst du: Wie zeigst du jemandem, wie du dich fühlst oder was du denkst?
   a mit deinen Blicken - wie du guckst
   viel 1 2 3 4 5 6 gar nicht

   b mit deinem Gesichtsausdruck
   viel 1 2 3 4 5 6 gar nicht
   c wie du dich bewegst
   viel 1 2 3 4 5 6 gar nicht
   d wie du stehst, sitzt oder liegst
   viel 1 2 3 4 5 6 gar nicht

   e wie du deine Hände benutzt und hälst
   viel 1 2 3 4 5 6 gar nicht
   f wie du deine Beine hälst
   viel 1 2 3 4 5 6 gar nicht

   g wie du deinen Kopf hälst
   viel 1 2 3 4 5 6 gar nicht

   h wie du etwas sagst
   viel 1 2 3 4 5 6 gar nicht

4 Hat dir der Kurs geholfen, jemandem mit deinem Körper ganz deutlich zu zeigen,
   was du willst oder nicht willst?
   viel 1 2 3 4 5 6 gar nicht
   Kannst du ein kurzes Beispiel geben?

   _____

   _____

5a Kennst du das Wort Körpersprache?

  ja ___   nein ___

 b Beschreibe bitte ganz kurz, was du dir unter Körpersprache vorstellst!

_____

_____

_____

6 Hast du in diesem Kurs etwas über deine Körpersprache gelernt?

  ja 1 2 3 4 5 6   nein

7 Findest du es wichtig, etwas darüber zu lernen?

  ja 1 2 3 4 5 6   nein

  Warum?

_____

_____

_____

_____

        Danke, daß du diese Fragen beantwortet hast!!!

Fragebogen an die Teilnehmerinnen nach Kursende

Anmerkungen

1. Einleitung

[1] vgl. Friedrichs, 1994: 50 ff

2. Das Körperselbstbild von Mädchen

[1] Woesler de Panafieu, 1983: 147
[2] vgl. Teegen, 1992: 97, 99-101
[3] Sachverständigenkommission 6. Jugendbericht, 1988: 90
[4] vgl. Pfister, 1994: 53
[5] vgl. Bast, 1988: 46
[6] vgl. Pfister, 1993: 81
[7] siehe Anlage 1
[8] vgl. Scheffel/Sobiech, 1991: 35
[9] Baur, 1989: 205
[10] vgl. Zampolin, 1994: 31; Sachverständigenkomission 6. Jugendbericht, 1988: 92
[11] Baur, 1989: 210; vgl. auch Bast, 1988: 43
[12] vgl. Pfister, 1993: 72-74
[13] Zur Widersprüchlichkeit der mit dem koedukativen Sportunterricht verbundenen Zielsetzungen und der von Mädchen wahrgenommenen Realität vgl. beispielsweise Scheffel, 1988, 1990 und 1996.
[14] vgl. Brückner, 1992: 48
[15] Palzkill, 1991: 65
[16] vgl. Palzkill, 1991: 66; Ullmer, 1993: 57

3. Körpersprache im geschlechtsspezifischen Kontext

[1] Kiphard, 1980; 13
[2] Rebel, 1993: 18

160

[3] Kinästhesie bezeichnet die im Körper stattfindende Bewegungswahrnehmung.

[4] vgl. Rebel, 1993: 18-20

[5] vgl. Rebel, 1993: 20-22

[6] vgl. Argyle, 1979: 77

[7] Die deutliche Nichtbeachtung der geschlechtsspezifischen Entwicklungsbedingungen wird beispielsweise deutlich bei Molcho (1983). Vgl. auch Argyle, 1979: 192

[8] Mühlen Achs, 1993: 56

[9] Mühlen Achs, 1993: 98, vgl. auch 100

[10] Henley, 1988: 199

[11] vgl. Henley, 1988: 136, 137

[12] vgl. Henley, 1988: 197

[13] Henley, 1988: 19

[14] vgl. Rebel, 1993: 49

[15] vgl. Henley, 1988: 231

[16] Mühlen Achs, 1993: 66

[17] Sachverständigenkommission 6. Jugendbericht, 1988: 95

[18] Sachverständigenkommission 6. Jugendbericht, 1988: 89

[19] vgl. Rückle, 1991: 38 ff

[20] Rückle, 1991: 39, 47

[21] Tramitz, 1993: 18

[22] Adner/Mänz, 1986: 189

[23] Tramitz, 1993: 24

[24] Letztendlich ist es jedoch ihre eigene (bewußte) Entscheidung, ob sie diese Signale wahrnehmen und respektieren oder nicht berücksichtigen. Somit ist es auch eine Frage, *wie* sie mit ihrer Machtposition umgehen.

[25] vgl. Henley, 1988: 27

[26] Solch eine inkongruente Reaktion kann beispielsweise sein: ein (leise) gesprochenes Nein bei gleichzeitigem Lächeln.

[27] Tramitz, 1993: 123

[28] vgl. Henley, 1988: 278, 279, 290, 291

[29] Henley zitiert nach Eibl-Eibesfeld 1970: 264

4. Selbstbehauptung und Selbstverteidigung für Mädchen

[1] vgl. Palzkill, 1993: 172

[2] Kavemann, 1992: 20

[3] Zur Thematik und Problematik des *heimlichen Lehrplanes* sind in den letzten Jahren eine Vielzahl von Beiträgen veröffentlicht worden. Da sie an dieser Stelle nicht alle genannt werden können, muß ich mich mit dem Verweis auf die entsprechenden Autorinnen begnügen, als da beispielsweise sind: Uta Enders-Dragässer, Claudia Fuchs, Carol Hagemann-White, Marianne Horstkemper, Annelore Prengel, Hannelore Faulstich-Wieland.

[4] vgl. Valtin, 1992: 14

[5] Rieger, 1992: 58

[6] Eine Auseinandersetzung mit anti-sexistischer Jungenarbeit bedarf unbedingt mehr Raum, als er hier zur Verfügung steht bzw. einem sehr viel größeren Augenmerk, als dies bislang insgesamt geschehen ist. Ich verweise insofern auf die Konzepte wie sie in der *Alten Molkerei Frille* ausgearbeitet und durchgeführt werden, als auch auf die Arbeit von Spoden (1992: 107-115).

[7] Rieger, 1992: 60

[8] vgl. Faulstich-Wieland/ Horstkemper, 1993: 42-45

[9] Tampe, 1995: 45

[10] Tampe, 1995: 32/33

[11] Paul, 1993

[12] vgl. Frauenbüro, 1993: 9

[13] Klees/Marburger/Schumacher, 1989: 33

[14] vgl. Lichthardt, 1995: 14; Tampe, 1995: 74

[15] Frauenbüro, 1993: 12

[16] vgl. Frauen- und Mädchen-Selbstverteidigung und Sport, Münster e.V. (im ff. FSV Münster e.V.), 1994: 5

[17] FSV Münster e.V., 1994: 4; vgl. auch Adner/Mänz, 1988: 197

[18] Ausschnitte aus einem Interview von Radio Donna Wettert/Radio Antenne Münsterland, zitiert nach Lichthardt, 1995: 55

[19] Wolff, 1992: 4

[20] vgl. Gleichstellungsstelle für Frauenfragen, 1993: 15

[21] Nach mehreren Jahren diesbezüglicher Diskussionen einerseits und der Durchführung von Kursen andererseits habe ich den Eindruck gewonnen, daß der Kontakt mit Presse und Rundfunk für einen Großteil der Mädchen gar kein Problem darstellt. Im Gegenteil: sie sind häufig stolz darauf, im Mittelpunkt des öffentlichen Interesses zu stehen, und sich in der Zeitung wiederzufinden.

[22] Herle, 1994

[23] vgl. Morgan, 1992: 28

[24] FSV Münster e.V., 1994: 3

[25] vgl. Morgan, 1992: 28

[26] Diese sind vergleichbar mit denen des Sportunterrichtes, wie ich sie im Kapitel 1 »Körper – Bewegung – Erfahrungen« dargestellt habe.

[27] Wolff, 1992: 7

[28] Da die Voraussetzungen zur Bewilligung einer ABM-Stelle mittlerweile extrem eingeschränkt worden sind, ist eine derartige Absicherung nur noch in Ausnahmefällen möglich.

[29] vgl. Heinrich, 1992: 14; Frauenbüro, 1993: 7

[30] Lichthardt, 1994: 16

[31] In der mangelnden Solidarität mit den Mädchen im Schulalltag spiegelt sich zum einen eine geringe Sensibilität für den 'heimlichen Lehrplan' wieder. Zum anderen sind Lehrerinnen häufig überfordert, im Anstreben des Unterrichtszieles entsprechend dem Curriculum und dem gleichzeitigen Erarbeiten konstruktiver Konfliktlösungen. Dazu tritt die eigene Hilflosigkeit angesichts von Konfrontationen und zunehmender Aggressivität.

[32] Lichthardt, 1994: 54

[33] Statt dessen möchte ich auf entsprechende Angebote im Bereich der Erwachsenen-/LehrerInnenfortbildung und diesbezügliche Veröffentlichungen verweisen, wie beispielsweise »MädchenStärken« (Arbeitskreis Grundschule, 1993) oder »Gewalt gegen Mädchen an Schulen« (Senatsverwaltung für Arbeit und Frauen, Berlin, 1992).

[34] Unter Komm-Struktur wird verstanden, daß die Mädchen selbst zu einem Ort oder zu Personen hinkommen, nicht aber selbst aufgesucht werden.

[35] Schreiner, 1992: 44

[36] Strichau, 1992: 35

[37] vgl. Bodenmüller/Lichthardt, 1995: 2

[38] vgl. Frauenbüro, 1993: 22; Morgan, 1992: 28

[39] Lichthardt, 1995: 53

5. Die Kursinhalte und ihre Auswirkungen auf Selbstbild und Körpersprache

[1] Eigenmaterial, 1994

[2] Eigenmaterial, 1994

[3] vgl. Klees, 1993: 177

[4] Eigenmaterial, 1994

[5] vgl. Gleichstellungsstelle, 1993: 56

[6] Dietrich, 1992: 94

[7] Adner/Mänz, 1986: 193

[8] Bodenmüller/ Lichthardt, 1995: 19

[9] vgl. Brückner, 1992:48

[10] Braun, 1989: 35

[11] Caignon/Groves, 1990: 104

[12] Dies gilt nicht für Menschen, deren Hören oder Sehen stark eingeschränkt oder nicht vorhanden ist.

[13] Caignon/Groves, 1990: 104

[14] Auf diesen letzten Aspekt verwies mich eine Mitarbeiterin des Kinderschutzbundes Münster. Sie erläuterte, daß eine häufige Schwierigkeit von Kindern und Jugendlichen sei, kein ausreichendes Bewußtsein darüber zu haben, wie weit der Bereich 'normaler' körperlicher Berührungen seitens erwachsener Personen zu ziehen ist, und welche körperlichen Reaktionen von ihrer, der kindlichen Seite 'normal' sind. Infolge dessen häuften sich zunehmend die Situationen, in welchen es ihnen schwer falle, eindeutig ihre persönliche Grenze zu benennen.

[15] in: Braun, 1989: 45

[16] Landowicz zitiert nach Klees u.a., 1989: 107, 108

[17] Braun, 1989: 49

18 Wachter, 1985: 49ff

19 Schülerin, 1992: 3

20 Schülerin, 1992: 1

21 vgl. Kröner/Projektgruppe, 1991: 65. Es würde den Rahmen dieser Arbeit sprengen, das Gesamtkonzept der TZI darzustellen. Eine diesbezügliche genaue Darstellung im Rahmen feministischer Gruppenarbeit findet sich anschaulich im Abschlußbericht des Modellprojektes Kultur- und Bewegungszentrum für Körper, Bewegung und Sport von Mädchen und Frauen / Brochterbeck wieder (Kröner/Projektgruppe, 1991).

22 Bodenmüller/Lichthardt, 1995: 11

23 Kugelmann, 1991: 23

24 Detaillierte Analysen und Beschreibungen aus der feministischen Bewegungspraxis finden sich u.a. bei Kröner/Projektgruppe, 1991, Sobiech/Scheffel/Palzkill, 1991, Kröner/Pfister, 1992 und Bischoff, 1993.

25 Heinrich, 1992: 9

6. Die Sicht der Mädchen: Auswertung des Fragebogens

1 Frageboden siehe Anlage 2

2 In der Methodik folge ich der theoriegeleiteten Befragung, wie Friedrichs sie beschreibt; Friedrichs, 1994: 236-239.

3 Ein Pretest ist ein 'Testdurchlauf' der geplanten Befragung. Er dient der Überprüfung, inwieweit der Fragebogen praktikabel ist, und an welchen Stellen Veränderungen vorgenommen werden müssen.

4 Zum genauen Wortlaut der Frage vgl. Anlage 2.

7. Abschlußgedanken

1 vgl. Heiliger, 1990: 28

2 zitiert nach Heinrich, 1992: 24

3 zitiert nach Gleichstellungsstelle, 1993: 62

4 zitiert nach Heinrich, 1992: 26

[5] Pfister, 1991: 19

[6] Barz, 1990: 113

[7] vgl. Heiliger, 1993: 9,12

[8] Unter indirekter Entscheidung verstehe ich hier, daß es in der Mehrheit Männer sind, die über die Höhe von entsprechenden Etats, auch denen der Frauenbeauftragten, entscheiden.

[9] Ministerium für Schule und Weiterbildung des Landes Nordrhein-Westfalen, 1997

[10] Bei der Forderung nach kontinuierlichen Ansprechpartnerinnen und Angeboten handelt es sich um ein häufig geäußertes Bedürfnis von Kursteilnehmerinnen.

[11] vgl. Spoden, 1992: 107

[12] Zudem erachte ich die Haltung für richtig, daß Frauen sich auch mit der Jungensozialisation auseinandersetzen sollen, die professionelle Arbeit in diesem Bereich jedoch Aufgabe der Männer ist.

[13] vgl. Spoden, 1992: 108

[14] Ottemeier-Glücks, 1990: 53

[15] Die Darstellung einer ganzheitlichen, geschlechtsspezifischen Präventionsarbeit innerhalb von Schule findet sich ausführlich in Petze, 1996.

Material- und Literaturverzeichnis

Material

Baer, Ulrich (1990): 500 Spiele für jede Gruppe für alle Situationen, Remscheid.

Baer, Ulrich u.a. (o.J.): Remscheider Spielekartei, Remscheid.

Braun, Gisela und Dorothee Wolters (1991): Das große und das kleine Nein, Mülheim/Ruhr.

Sportjugend Hessen (1993): Bewegung Kunterbunt, Frankfurt/M.

Sportjugend NW/Kultusministerium NRW (1994): Spiele und Spielen im Breitensport, Duisburg.

Wachter, Oralee (1985): Heimlich ist mir unheimlich, Köln.

Literatur

Adner, Angelika und Heike Mänz (1986): Selbstverteidigung und Selbstbehauptung von Frauen für Frauen, in: Sylvia Schenk (Hrsg.): Frauen Bewegung Sport, Hamburg, S. 181-201.

Anderson, Susanne (1992): Wen-Do – eine Strategie gegen sexuelle Gewalt, in: Landesjugendring Niedersachsen (Hrsg.): Wen-Do. (Materialien für die Mädchenarbeit), Hannover, S. 21-26.

Argyle, Michael (1979): Körpersprache und Kommunikation (Innovative Psychotherapie und Humanwissenschaften, Bd.5), Paderborn.

Barz, Monika (1990): Körperliche Gewalt gegen Mädchen, in: Enders-Dragässer, Uta und Claudia Fuchs: Frauensache Schule. Aus dem deutschen Schulalltag: Erfahrungen, Analysen, Alternativen, Frankfurt/M.

Bast, Christa (1988): Weibliche Autonomie und Identität. Untersuchungen über die Probleme von Mädchenerziehung heute, Weinheim/München.

167

Baur, Jürgen (1989): Körper- und Bewegungskarrieren. Dialektische Analysen zur Entwicklung von Körper und Bewegung im Kindes- und Jugendalter, Schorndorf.

Bodenmüller, Martina und Christiane Lichthardt (1995): Mädchen-Power. Selbstverteidigung und Selbstbehauptung im Jugendzentrum Gievenbeck, Münster.

Braun, Gisela (1989): Ich sag NEIN, Mülheim/Ruhr.

Brückner, Margrit (1993): Einbettung von Gewalt in die kulturellen Bilder von Männlichkeit und Weiblichkeit, in: Zeitschrift für Frauenfoschung 11 (1+2), S. 47-56.

Caignon, Denise und Gail Groves (1991) (Hrsg.): Schlagfertige Frauen. Erfolgreich wider die alltägliche Gewalt, Berlin.

Charf, Dami (1992): Selbstverteidigung und Selbstbehauptung nach der Wen-Do Technik, in: Landesjugendring Niedersachsen (Hrsg.): Wen-Do. (Materialien für die Mädchenarbeit), Hannover, S. 9-10.

Deser, Edwin (1994): Selbstverteidigung. Abwehrtechniken für Sie und für Ihn, Niedernhausen/Ts.

Diestelhorst, Rotraud (1992): WEN-DO in der Jugendarbeit – Finanzierung, Kooperation, Umsetzungshemmnisse, in: Landesjugendring Niedersachsen (Hrsg.): Wen-Do. (Materialien für die Mädchenarbeit), Hannover, S. 17-20.

Dietrich, Christiane (1992): Selbstverteidigung für Mädchen an Schulen, in: Gewalt gegen Mädchen an Schulen, hg. von der Senatsverwaltung für Arbeit und Frauen, Berlin, S. 91-99.

Eigenmaterial (1994): Wandzeitungen, erstellt in einem Selbstbehauptungs-/Selbstverteidigungskurs.

Fachseminar Sport am Studienseminar für das Lehramt für die Primarstufe, Gelsenkirchen (1991): Das Selbstbewußtsein der Mädchen stärken, in: Sportpädagogik, 15 (4), S. 36-38.

Faulstich-Wieland, Hannelore und Marianne Horstkemper (1993): »Nur Mädchen in einer Klasse ist eine leere Klasse« – Selbstbilder von Grundschülerinnen, in: Pfister, Gertrud und Renate Valtin (Hrsg.): MädchenStärken (Beiträge zur Reform der Grundschule, Bd. 90) Frankfurt/M, S. 40-50.

Frauenbüro der Stadt Unna (1993): Mach mich nicht an! Tätigkeitsbericht für den Zeitraum vom 1. September bis 31. Januar 1993. Projekt

Selbstverteidigung und Selbstbehauptung für Mädchen und junge Frauen, Unna.

Frauen- und Mädchen-Selbstverteidigung & Sport Münster, e.V. (1994): Selbstverteidigung und Selbstbehauptung mit Mädchen im Grundschulalter. Dokumentation des LSB-Projektes 1994, Münster (unveröff.).

Friedrichs, Jürgen (1994): Methoden empirischer Sozialforschung, Reinbek b. Hamburg (14. Aufl.).

Funk, Heide und Anita Heiliger (1990): Zur Bestandsaufnahme der Mädchenförderung in der Bundesrepublik. Bericht von einer Arbeitstagung am DJI, in: dies. (Hrsg.): Neue Aspekte der Mädchenförderung, München, S. 9-18.

Gleichstellungsstelle für Frauenfragen, Wuppertal (1993): WENDO. Selbstbehauptungs- und Selbstverteidigungskurse für Mädchen an Wuppertaler Schulen. Dokumentation zur Ausstellung vom 9.12.1993 bis 29.12.1993, Wuppertal.

Hagemann-White, Carol (1993): Das Ziel aus den Augen verloren?, in: Zeitschrift für Frauenforschung 11 (1+2), S. 57-62.

Heiliger, Anita (1990): Freiräume für Mädchen als Gewaltprophylaxe und zur Entwicklung neuer Lebensperspektiven für Mädchen, in: Heiliger, Anita und Heide Funk (Hrsg.): Neue Aspekte der Mädchenförderung, München, S. 26-31.

Heinrich, Carola (1992): Stärker Als Ihr Denkt: Mädchenpower in Remscheid, Remscheid.

Henley, Nancy M. (1988): Körperstrategien. Geschlecht, Macht und nonverbale Kommunikation, Frankfurt/M. .

Herle, Ulrike (1994): Selbstverteidigung beginnt im Kopf, München.

Karle, Inge (1992): Frauensport – als selbstbestimmte Bewegung, in: kofra 10 (Juni/Juli), S. 2-9.

Kavemann, Barbara (1992): Überlegungen zu sexueller Gewalt gegen Mädchen auf dem Hintergrund struktureller Gewalt gegen Frauen, in: Gewalt gegen Mädchen an Schulen, hrsg. von der Senatsverwaltung für Arbeit und Frauen, Berlin, S. 37-43.

Kavemann, Barbara (1992): Gewalt gegen Mädchen findet auch in der Schule statt, in: Gewalt gegen Mädchen an Schulen, hrsg. von der Senatsverwaltung für Arbeit und Frauen, Berlin, S. 11-36.

Klees, Karin (1993): Die Mädchen-Mut-mach-AG – Zur Prävention von sexueller Gewalt, in: Pfister, Gertrud und Renate Valtin (Hrsg.): MädchenStärken (Beiträge zur Reform der Grundschule, Bd. 90) Frankfurt/M, S. 174-185.

Klees, Renate/Marburger, Helga und Michaela Schumacher (1989): Mädchenarbeit. Praxishandbuch für die Jugendarbeit, Teil 1, München.

Kröner, Sabine und Projekt-Gruppe (1991): Modellprojekt Kultur- und Bildungszentrum für Körper, Bewegung und Sport von Mädchen und Frauen. Abschlußbericht, Münster (masch.schr.).

Kröner, Sabine (1992): Ein Kultur- und Bildungszentrum für Körper, Bewegung und Sport von Mädchen und Frauen. Konzeption und erste Ergebnisse, in: Kröner, Sabine und Gertrud Pfister (Hrsg.): FrauenRäume. Körper und Identität im Sport, Pfaffenweiler, S. 160-169.

Kugelmann, Claudia (1991): Mädchen im Sportunterricht heute – Frauen in Bewegung morgen, in: Sportpädagogik 15 (4), S. 17-25.

Kugelmann, Claudia (1993): Sport für Frauen – Raum für Frauen – Weg für Frauen?, in: Feministische Studien 11 (2), S. 140-144.

Kunft, Britta (1992): Starke Mädchen, in: Stadtblatt H. 1, S. 28-30.

Lichthardt, Christiane (1995): Laut(er) starke Mädchen – Selbstverteidigung und Selbstbehauptung an Schulen, Münster.

Maiwald, Iris (1991): Bewußter gehen, in: Sportpädagogik 15 (4), S. 48-50.

Mitterbichler, Elisabeth (1991). Sich behaupten, in: Sportpädagogik 15 (4), S. 51-54.

Mänz, Heike und Angela Fuhrmann (1992): Erfahrungen mit Wen-Do in der Schule: »Ein Kurs allein genügt nicht ...«, in: Landesjugendring Niedersachsen (Hrsg.): Wen-Do. (Materialien für die Mädchenarbeit), Hannover, S. 11-16.

Molcho, Samy (1983): Körpersprache, München.

Morgan, Ira (1992): Wen-Do-Kurse mit Mädchen, in: Landesjugendring Niedersachsen (Hrsg.): Wen-Do. (Materialien für die Mädchenarbeit), Hannover, S. 27-30.

Mühlen Achs, Gitta (1993): Wie Katz und Hund. Die Körpersprache der Geschlechter, München.

Ottemeier-Glücks, Franz-Gerd (1990): Emanzipatorische Jungenarbeit, in: Heiliger, Anita und Heide Funk (Hrsg.): Neue Aspekte der Mädchenförderung, München, S. 53-70.

Palzkill, Birgit (1991): Was hat sexuelle Gewalt mit Sport(abstinenz) zu tun? Körper- und Bewegungsentwicklung in Gewaltverhältnissen, in: Palzkill, Birgit/ Scheffel, Heidi und Gabriele Sobiech (Hrsg.): Bewegungs(t)räume. Frauen, Körper, Sport, München, S. 62-74.

Palzkill, Birgit (1993): Körper- und Bewegungsentwicklung in Gewaltverhältnissen – Was hat Sport mit sexueller Gewalt zu tun?, in: Gieß-Stüber, Petra und Ilse Hartmann-Tews (Hrsg.): Frauen und Sport in Europa. 1. Tagung der dvs-Kommission »Frauenforschung in der Sportwissenschaft« in Köln im Oktober 1992, St. Augustin, S. 170-181.

Pfister, Gertrud (1991): Zur Geschichte des Diskurses über den »weiblichen« Körper (1880-1933), in: Palzkill, Birgit/ Scheffel, Heidi und Gabriele Sobiech (Hrsg.): Bewegungs(t)räume. Frauen, Körper, Sport, München, S. 15-30.

Pfister, Gertrud (1992): Aneignung von Räumen. Körpererfahrung und Selbstbehauptung von Mädchen, in: Gewalt gegen Mädchen an Schulen, hrsg. von der Senatsverwaltung für Arbeit und Frauen, Berlin, S. 44-55.

Pfister, Gertrud (1993): Der Widerspenstigen Zähmung. Raumaneignung, Körperlichkeit und Interaktion, in: Pfister, Gertrud und Renate Valtin (Hrsg.): MädchenStärken (Beiträge zur Reform der Grundschule, Bd. 90) Frankfurt/M, S. 67-83.

Pfister, Gertrud (1994): Der Zwang zur Schönheit. Zur Körper- und Bewegungskultur von Mädchen und Frauen, in: Kein Platzverweis für Frauen. Dokumentation der Fachtagung zur Situation von Frauen im Sport am 19. November 1993, hrsg. von der Senatsverwaltung für Arbeit und Frauen, Berlin, S. 35-61.

Rebel, Günther (1993): Was wir ohne Worte sagen. Die natürliche Körpersprache, München.

Rose, Lotte (1992): Körper ohne Raum, in: Feministische Studien 10 (1), S. 113-120.

Rieger, Ursula (1992): Wider die Hilflosigkeit – Erfahrungen einer Lehrerin, in: Gewalt gegen Mädchen an Schulen, hrsg. von der Senatsverwaltung für Arbeit und Frauen, Berlin, S. 57-62.

Rückle, Horst (1991): Körpersprache verstehen und deuten, Niedernhausen/Ts.

Sachverständigenkommission Sechster Jugendbericht (Hrsg.) (1988): Bericht der Kommission (Alltag und Biografie von Mädchen, Band 16), Opladen.

Sachverständigenkommission Sechster Jugendbericht (Hrsg.) (1984): Alltagsbewältigung Rückzug – Widerstand? (Alltag und Biografie von Mädchen, Bd. 7), Opladen.

Scheffel, Heidi (1988): Wir spielen unser eigenes Spiel. Mädchen im koedukativen Sportunterricht, in: Kröner, Sabine und Mechthild Buschmann (Hrsg.): Frauen in Bewegung. Der feministische Blick auf Sporttheorie, Sportpraxis und Sportpolitik, Ahrensberg, S. 41-57.

Scheffel, Heidi (1992): Koedukation im Wandel – wie erleben Mädchen den koedukativen Sportunterricht? in: Kröner, Sabine und Gertrud Pfister: FrauenRäume. Körper und Identität im Sport, Pfaffenweiler, S. 114-127.

Scheffel, Heidi und Sobiech, Gabriele (1991): »Ene, mene, muh, aus bist du?« Die Raumaneignung von Mädchen und Frauen durch Körper und Bewegung, in: Palzkill, Birgit/Scheffel Heidi und Gabriele Sobiech: Bewegungs(t)räume. Frauen, Körper, Sport, München, S. 31-46.

Schreiner, Sonja Adelheid (1992): Wen-Do in der Mädchenarbeit aus Sicht des niedersächsischen Frauenministeriums, in: Landesjugendring Niedersachsen (Hrsg.): Wen-Do. (Materialien für die Mädchenarbeit), Hannover, S. 43-46.

Schülerin, 12 Jahre (1992): Aufsatz (mir vorliegend), erstellt im Rahmen einer Selbstbehauptungs-/Selbstverteidigungsgruppe an einer Münsteraner Schule.

Sobiech, Gabriele (1992): Körperdisziplinierung zwischen Anpassung und Widerstand am Beispiel sportstudierender Frauen, in: Kröner, Sabine und Gertrud Pfister (Hrsg.): Frauenräume. Körper und Identität im Sport, Pfaffenweiler, S. 81-96.

172

Spoden, Christian (1992): Geschlechtsspezifische Jungenarbeit – auch an der Schule, in: Gewalt gegen Mädchen an Schulen, hrsg. von der Senatsverwaltung für Arbeit und Frauen, Berlin, S. 107-116.

Strichau, Thea (1992): Der lange Weg zum kurzen Nein, in: Landesjugendring Niedersachsen (Hrsg.): Wen-Do. (Materialien für die Mädchenarbeit), Hannover, S. 31-39.

Sundermeyer, Sabine (1992): Perspektiven und Kooperationsangebote in der Mädchenarbeit, in: Landesjugendring Niedersachsen (Hrsg.): Wen-Do. (Materialien für die Mädchenarbeit), Hannover, S. 39-42.

Tampe, Evelyn (1995): Frauen wehrt euch endlich! Die Opferrolle verlassen und sich vor Gewalt schützen schützen, Freiburg.

Teegen, Frauke (1992): Die Bildersprache des Körpers. Gesundheit kann gelernt werden, Reinbek.

Tramitz, Christiane (1993): Irren ist männlich. Weibliche Körpersprache und ihre Wirkung auf Männer, München.

Ulmer, Regine (1993): Das Lachen im Körper wieder hören. Sexuelle Gewalt und Sport/Bewegung, in: Bischoff, Susanne (Hrsg.): ... auf Bäume klettern ist politisch, Hamburg, S. 52-64.

Wex, Marianne (1980): »Weibliche« und »männliche« Körpersprache als Folge patriarchalischer Machtverhältnisse, Frankfurt/M.

Winke, Heike (1990): Lebenswelt, Bewegung und Sport von Mädchen und Frauen, in: Schmidt Doris und Birgit Thieme, Mädchen und Frauen im Freizeit- und Breitensport, Ergebnisse der Veranstaltung am 11.5.1988 in Berlin, Ahrensburg, S. 71-88.

Woesler de Panafieu, Christine (1983): Körper, in: Frauenhandlexikon, hrsg. v. Beyer, Johanna/Lamott, Franziska und Birgit Meyer, München, S. 147-154.

Wolff, Monika (1992): Aggression und Gewalt im Alltag von Mädchen, in: Landesjugendring Niedersachsen (Hrsg.): Wen-Do. (Materialien für die Mädchenarbeit), Hannover, S. 5-8.

Zampolin, Claudia (1993): Erlebnispädagogik/Abenteuersport als Angebot mädchenorientierter Jugendarbeit, Münster, unveröff. Diplomarbeit.

Bücher
von Frauen
—
nicht nur
für Frauen

aLiVe

assoziation Linker Verlage

Alibri Verlag ∂   ag spak ∂   Atlantik Verlag

KomistA ∂   Neuer ISP Verlag ∂   frau + zeit Verlag

Schmetterling Verlag ∂   UNRAST-Verlag

Liebe Leser/innen kritischer Bücher,
in der assoziation Linker Verlage (aLiVe) haben sich eine Reihe von Kleinverlagen mit einem politisch engagiertem Programm zusammengeschlossen.
Politische Alternativen sind in den letzten Jahren oft zuerst in sozialen
Bewegungen entwickelt worden; in den gesellschaftskritischen Kleinverlagen
fanden sie die Möglichkeit, neue Ideen öffentlich zu machen und kontro-
vers zu diskutieren. So ist durch jahrelange kontinuierliche Arbeit eine
Kompetenz entstanden, die wir Kleinverlage den Branchenriesen voraus
haben, die kritische Themen meist erst dann aufgreifen, wenn sie „in"
werden.
Nun ist es aber so, daß sich mit unseren Titeln kaum Geld verdienen läßt.
Deshalb führen die aktuellen Konzentrationsprozesse im Buchhandel dazu,
daß unsere kritischen Titel immer weniger geführt werden – und mit unseren Büchern verschwindet für das Publikum ein weiteres Stück kritischer
Gegenöffentlichkeit.
Diesem Trend wollen wir mit unserem Zusammenschluß entgegenwirken.
Durch unsere engere Zusammenarbeit können wir unsere Kräfte effektiver
einsetzen und wieder mehr Energie darauf verwenden, Teil einer lebendigen
linken Kultur zu sein. Daß dieses Land eine solche heute mehr denn je
braucht, steht für uns außer Frage!

Infos und der Gemeinschaftskatalog von aLiVe können angefordert werden
über:
aLiVe, c/o Alibri Verlag, Postfach 167, 63703 Aschaffenburg

Assata Shakur: ASSATA. Eine Autobiographie aus dem schwarzen Widerstand in den USA. Mit einem Vorwort von Lennox S. Hinds
ISBN 3-926529-02-4, Broschur, 368 Seiten, (3. Aufl.), DM 29,80, Atlantik Verlag
Nach Jahren politischer Organisierung und in der Konsequenz daraus erfahrener Verfolgung, nach Knast, Mißhandlungen und Flucht schrieb Assata Shakur schließlich im Schutz des auf Kuba gewährten politischen Asyls Ende der 80er Jahre ihre Lebensgeschichte auf - die Geschichte einer bemerkenswerten schwarzen Frau, die gleichzeitig die Geschichte der Black Panther Party und der Black Liberation Army im Kampf gegen die rassistische Gesellschaft der USA ist, in der schwarze Frauen doppelt unterdrückt sind.

Delia Zamudio: Frauenhaut – eine Autobiographie. ISBN 3-929008-29-7, Neuer ISP Verlag; ISBN 3-926529-12-1, Atlantik Verlag, 144 S., DM 25
Eine schwarze Gewerkschafterin und Feministin aus Peru berichtet über ihr Leben – ein sehr persönliches, gleichzeitig aber auch höchst politisches Buch.

Else Kienle: Frauen. Aus dem Tagebuch einer Ärztin
176 Seiten, 22 DM, Reprint der Originalausgabe von 1932 mit einem Vorwort von Dr. Horst Theissen, ISBN 3-926369-10-8, Schmetterling Verlag
Am 19.2.1931 wird die Ärztin Else Kienle unter dem Verdacht des Verstosses gegen den §218 in mehr als 200 Fällen verhaftet. Noch in der Untersuchungszelle beginnt sie mit Aufzeichnungen für ihre Streitschrift. Ein historisches Zeitdokument, das heute als Reprint wieder im Buchhandel vorrätig ist.

Christiane Lichthardt: Laut(er) starke Mädchen.
Selbstverteidigung und Selbstbehauptung an Schulen
106 Seiten, Broschur, ISBN 3-928300-32-6, 18 DM, UNRAST Verlag
Laut(er) starke Mädchen ist das Konzept einer sehr engagierten Form der Präventionsarbeit gegen (sexuelle) Gewalt. Das Buch gibt gute Einblicke in die politische Motivation, das Engagement und die praktische Durchführung des Konzeptes. Laut(er) starke Mädchen ist ein hervorragendes Beispiel dafür, wie konstruktiv und zielgerichtet parteiliche Mädchenarbeit sein kann.

Heima Hasters: Fräulein Doktor wird Verleger. Inge Stahlberg Biographie
84 Seiten, 20 Abbildungen, ISBN 3-926012-07-2, 21 DM, frau + zeit Verlag
Am 8. März 1946 erhält die junge promovierte Zeitungswissenschaftlerin von den amerikanischen Militärbehörden die Lizens zur Gründung eines Verlages in der ehemaligen badischen Landeshauptstadt Karlsruhe.

assoziation Linker Verlage

Reihe *Feministische Wissenschaft*

Bd. 1

Rita Polm

„ ... neben dem Mann die andere Hälfte eines Ganzen zu sein !?"

Junge Frauen in der Nachkriegszeit.

220 Seiten, DM 24.80, ISBN 3-928300-01-6

"Dieses Buch bringt uns ein Stück Frauengeschichte näher. Es ist nicht zuletzt lesenswert für die Kinder der Nachkriegsgeneration, die sich ein Bild von der Jugend ihrer Mütter machen wollen."   *ab 40*

Bd. 2

Audrey Huntley

Widerstand Schreiben !

Entkolonialisierungsprozesse im Schreiben indigener kanadischer Frauen

190 Seiten, 24.80 DM, ISBN 3-928300-51-2

Widerstand schreiben! setzt sich mit der Situation indigener schreibender Frauen in Kanada auseinander. Die Fragen der Entkolonialisierung und Widerstandsdiskurse wie das Wiederaneignen von Geschichte und Identität stehen dabei im Mittelpunkt.

Bd. 3

Stefanie Kron

„Fürchte Dich nicht Bleichgesicht!"

Perspektivenwechsel zur Literatur Afro-Deutscher Frauen

170 Seiten, DM 24.80, ISBN 3-928300-52-0

Stefanie Krons genaue und sensible Recherchen und Textanalysen vermitteln einen umfassenden Einblick in Geschichte, Gegenwart, Identitätsbildung und Widerstandsformen Afro-Deutscher Frauen.

UNRAST

Gesamtverzeichnis beim Verlag:
UNRAST-Verlag * Postf. 8020 * 48043 Münster
Tel.: 0251 / 666293 * Fax: 0251 / 666120